常岡一郎一日一言

運命をひらく言葉

常岡一郎＝著

致知出版社

まえがき

常岡一郎先生が昭和六十四年に九十歳でお亡くなりになってから、早いものでもう二十四年になります。常岡先生は昭和の初めに修養団体・中心社を立ち上げ、終生、人としての道を説き続けられた方でした。この度、常岡先生のお言葉がまとめられ、多くの人のもとに届くことを先生をお慕《した》いする者の一人として何よりもうれしく思います。

常岡先生と初めてお会いしましたのは、私が四十七歳、先生が七十三歳の時でした。

若い頃、私は肺結核で死にかけ、玄米菜食と自然療法で助けられました。そして自然の持つ力を伝えたくて夫と〝健康運動〟を始め、活動していました。ところがある日突然、その夫が新しい家庭を作り去っていってしまったのです。私は思春期の二人の子どもを抱え、これから何を信じ、どうやって生きていけばいいのか、全く先の見えない状態でした。

そんなある日、自宅のポストに一冊の本が投げ込まれていました。常岡先生が発行されていた『中心』という小冊子でした。人の生き方とは、幸福とは、運とは……、その内容に魅了された私は、すぐに先生の著書を買い求めました。藁《わら》をも摑《つか》む思いで泣きながら徹夜で読んだことを今でも鮮やかに思い出します。その後、縁があり、直接、先生の薫陶《くんとう》を受けるようになりました。しかし、その教えは生易しいものではありませんでした。

「左を見たくなかったら右を見るんだよ。その為には我を忘れて働くこと。ドブ掃除でもトイレ掃除でも、お金が目的じゃなければ働くことはいくらでもある」

物もお金も失ってしまった。でも、私がこれまで蓄えてきたキャリアは誰も盗むことはできない。そう思った私は、自らが作った雑誌や本の為に、寝る時間も惜しんで原稿を書いたのでした。今も私が健康運動を続けていられるのは、あのときにむさぼるように読んだ『中心』と常岡先生の薫陶のおかげだと思っています。

常岡先生は生涯にたくさんの素晴らしい言葉を残されました。それが『一日一言』として多くの人のもとに届くことで、私のように生きる勇気をいただき、運命を切り開いていく方がたくさん生まれると思います。それが何よりもうれしく思うのです。

平成二十五年六月

あなたと健康社主幹　東城　百合子

1月

慶應大学辯論部時代の写真。後列左から二番目が先生

1日 天の声を聞く

誰もが平凡に見過ごしてしまうほどの些《さ》事《じ》。その小さい事から大きい天の声を聞いた人は偉大な人である。

リンゴが樹から落ちる。これは幾千年の間、幾百億の人々が眺めて来たことである。しかしただ平凡に眺めただけである。それをニュートンはじっと見つめて万有引力の学説を打ちたてた。

2日 天の暗示をつかむ

古来、発明といい、発見という。それは一寸《ちょっと》したことを見出して天の暗示をつかんだことから始まっている。かと思うと、最も大切なことをウッカリ忘れて大きい禍《わざわ》いを招いたこともある。われわれは心を明るくして、生活環境の中のあらゆる事から天の声を聞きとらねばならぬ。そこに人生の幸福がある。

3日 心は運命の根

人間個人の運命の根は心である。そして、その心の根となり、いのちの根となるものは、親である。親の心を伸ばし、親のなやみを消し、親の苦しみをひきうける。そこに子孫の伸び栄える道がある。

4日 親の根を伸ばす

子供が偉すぎて親の方が遠慮したり、気がねしたりする。どうかすると親を責めるような場合もある。その子孫は運命がやつれていく他はない。本人は偉くなる。一世に輝くほどの人物であるのに馬鹿な子供が生れる。またつまらぬ運命にもてあそばれる子供が出来たりする。その原因は世の中の表面に出ることは上手であっても、親・根を伸ばしていないからである。不幸な原因はこんなところにあるのではないだろうか。

5日 親指の働き ①

手には五本の指がある。その五本の中でどの指が中心であるか。こう考えてみると一番中央の、丈《たけ》の高い、姿のよい中指のように思える。しかし、中指に手の働きの自由自在がまかされているだろうか。

親指の姿は醜《みにく》い。丈も低い。節も一つ足りない。一番端の方にいて、お邪魔《じゃま》になっているような姿である。生れて以来親指にはまだ一度も指輪をはめてもらったこともない。親指はまことに粗末《そまつ》に扱われている。それでも親指を除外することは出来ない。

6日 親指の働き ②

ペンを持つにも、お茶を飲むにも、何をするにも四本の指が親指と組み合わされた時にはじめて自由自在が許される。中指がなくても、小指がなくても、文字は書ける。お茶も飲める。他の四本の指は絶対にのけられない指ではない。

五本の中で絶対に除けられないのは親指である。親指を除いて、他の四本の指だけではなかなか茶を飲めない。扇子も開けられない。何でもけい古すれば相当上手にはなれる。しかし親指を除いて扇子を開くことは百年けい古をしても不可能であろう。

7日 親指の働き ③

中心を失ってはならない。親を除け者にしてはならない。子供のわがままで、親を粗末にして眼中におかない。親を除けることは出来るだろう。だがその時に自然の守りを失うことになる。天の支えを失うことになる。

8日 親指と四本の指

親指と四本の指とは、指の腹を合わすことが出来る。四本の指はお互い同士ではどうしても腹を合せることが出来ない。ここにもまた天の啓示《けいじ》がある。

9日　親からの手紙

私にも経験がある。学生時代に親からもらう手紙は長い。身体を大切にせよ。しっかり勉強せよ。誘惑にまけるな、遊びにいくな――と事細かく書いてある。その長い手紙を子供は短く読む。「さて今月はいくら送金してくれただろう」と要領よく読んでしまうことが多い。

子供から親に出す手紙は非常に短いのを通例とする。要点だけを簡単に書いてある。親はその短い手紙を長時間かけて読む。どうかすると三日も四日もくり返して読む。書いてないことまでも読んで涙ぐんでいる。

思いを子供の上にはせる親心は涙ぐましい。この親心の切実さを知るならば、わが親、わが夫の親、わが妻の親にどれほど心をつくしてもなお足りないのではあるまいか。

親から頂いた手紙を毎日おし頂いて親の心に添うようにつとめるなら、世の中はどんなに美しくなるだろう。どんなに清らかになるだろう。自ら省みて恥いるばかりである。

10日　願いを叶える方法

よい運命になりたい。よい人と交わりたい。よい人と結婚したい。いろいろなことを私たちは願う。しかし自分の心の内容が悪かったら、悪いことに組み合わされるほかはない。何を願うよりも、自分の内容の入れ替えに努力すべきだと思う。

11日　宝とつり合う自分

宝を見つけて歩くより、宝とつり合う自分をつくることの方がより大切である。目や耳や手足のように、自分について歩くものは運命である。自分から一分間もはなれないものは自分の能力である。これがりっぱであることが一番宝をもっている人といえる。

12日 人のことを第一に

自分のことはあとまわしにして、つとめきる以外に徳のできる道はない。昔から、わがことと下り坂は急がぬものはないと言われているが、自分のことはあとまわしにしても、やがてきっとかたづく。まず人のことからやるのだ。

朝起きる。歯をみがき顔を洗う。しかしこれは自分のことだ。それよりも、人の気持のいいように、まず便所の掃除をする。きびきびと働く。次から次と人のことをしていたら、とうとう自分の顔を洗うのを夕方まで忘れてしまっていた。

このように、人のことを第一にしておれば、心は勇む。身は疲れても心は晴れる。やがて運命は明るく変わるに違いない。これが天を生かす生き方である。

13日 運命をつくり上げる

大根の種は黒い、汚ない土の中にまかれます。種のまかれたそのまわりは黒い、暗い、汚ない。その中から真白い大根になります。自分を完成します。人も亦《また》、どんないやなことの中に包まれても、その中から美しい考え方を見つけ出す。良いものだけを抜きとる。そうして明るい自分の次の運命をつくり上げることが大切ではないでしょうか。

14日 どんなところに置かれても

どんなところに置かれても、その置かれた世界を明るくすることの出来る人。周囲の人の心を集めて行く人。自分の運命をりっぱに確立して行ける人とならねばならない。

そうした心豊かな人々にとっては、一切が明るく見えるようになる。どんな人に対しても、どんな境遇におかれても、不平や、暗い心は起こってこないようになる。そんな人に天は明るい、よい運命を与える。

15日 心の成人 ①

あくまで人間の尊さに目ざめて、人間を人間として、心を第一に育てることに奉仕すべきであると思います。育てよ、あくまで育てよ。一人一人の心の成人こそ、神の待ちたまうただ一つの尊いものであると信じます。

16日 心の成人 ②

育つためには滋養《じよう》がいります。草や木には肥料がいります。人の心が育つためには徳がいります。徳をつむこと、これが心の肥料となります。そうしてひたすら真理の光を求めて努力する。これが草木が太陽の光によって育つのに似ています。なまけないこと、あくまで理を求めて真理を究めること、徳をつみ報恩の成人をさせて頂くこと、これが心の成人の道であると信じます。

17日 嵐をこえる

明治天皇の御製《ぎょせい》に、

嵐ふく世にも動くな人ごころ
いわおに根ざす松のごとくに

と教えられている。嵐のふく日に一番恐ろしいのは、嵐そのものではない。嵐にまき込まれてついて行くような根の弱さ、これが一番恐ろしいことだと教えていられる。どんな嵐でも、一年中ふき通したという嵐は一度もない。嵐はきっと止む。一夜で過ぎ去る。だから嵐について行くな。岩の上に根をはった松のように根強くなれ。心の根を強く張れ。あわてるな。心の明るさ、広さ、豊かさを守れ。こう教えられている。

18日 人生の嵐に処する道

人生の嵐は多い。思いもかけぬ不幸にも出合う。誤解されることもある。だまされることもある。病みわずらうこともある。すべては人生の嵐である。その中に処する道は、自分の上機嫌を失わぬこと、妙にかたくならないことである。これが人の機嫌をなおす第一条件だと思う。

19日 時間を生かす

一銭の金を粗末《そまつ》にする人は一銭の金にも泣く時がある——という諺《ことわざ》があります。才気が走って、腕があって、徳が足りない人は、すぐ人を軽蔑《けいべつ》したり、物を粗末にしたり、時間を粗末にしたりします。時間を少しも粗末にしないでよく生かした人が偉人となっておられます。

20日 困難と取り組む

思い切ったことをやる。すばらしい困難と取り組む。そこに自らの未熟さがわかる。力の不足がわかる。不徳がわかる。しみじみと自分の本体がさらけ出される。そこで反省も出来る。鍛練《たんれん》に力がはいる。修養が真剣さをもって来る。何もしないで考えているのは人生のむだ遣いである。

21日 タダではすまぬ人

えらい仕事、目立つ仕事をしたがる人がある。めったにない仕事がえらい仕事である。しかし、それをしたがる人がえらい人ではない。

庭掃除、拭《ふき》掃除、靴みがき、こんな仕事はザラにある。それを一つ一つたのしく片付ける人、ザラにある仕事をタダで働く人。それを何度やってもたのしめるほどの人がえらい人である。ザラにある仕事をタダでたのしくやれる人は、タダではすまされない人である。

22日 神の心に気づく

われわれ人間は、五十年、六十年の生命を許されてこの世に居候《いそうろう》している。この世の主人は大自然の親——神である。居候暮しの最高の条件は富や位や力ではない。それもないよりはあった方がよい。しかし唯一絶対、最高の条件は、主人である神の心と互いにとけ合うことである。世の移りゆく姿の中から、神の心が一つ一つ頷《うなず》けるような明るい心、輝かしい魂になることである。

23日 すべての人が責任者

一人一人の心が基本である。心の中に平和の種をまく。それが一家の平和、一村、一町、一市、一国、世界の平和を生み出す源泉である。一人の狂いは世の狂いとなる。一人くらいと思ってはならない。一人こそ尊い。すべての人が自分一人の責任者である。私は喀血《かっけつ》して横臥《おうが》した時がある。看護する妻の目に涙があった。一言もいわない。しかし涙は千万の思いを語っていた。その時でさえ私の肺の応援に妻の肺がきてくれたことはない。来ることは許されない。一人一人がそれぞれ独立している。大自然の分身となっている。その大自然の秩序は教えている。陰陽《いんよう》、男女、雌雄《しゆう》、明暗、上下、左右、自他、すべては二つの対立の有り難さである。そのすべての二つが常に一つにとけ合う。一体一つをつくる。一つになる。そのための対立である。

二つが集まって本当の一つをつくる。そのためには隙間《すきま》なくより添うこと、親しみ合うこと。そのためには自己を開放すること、自分を忘れて相手を生かしきること。これが天地不動の道である。

24日 心の消化力を強める

心を常に明るく生かす道はどこにあるか。それは心の消化力を強めることである。なぜだろう。どうしてだろう。わけがわからぬ。うなずけないというのは心を暗くする。疲れさす。なるほど、ウム、よくわかったといえば心は晴れる。明るくなる。よく心で消化するからである。

25日 持ち味を味わう力

子供は甘いものを悦《よろこ》ぶ。大人の御馳走《ごちそう》は甘いものばかりではない。塩辛いもの。わさび。玉ねぎ。いろとりどりで限りない。なんでもそのものの持ち味がある。一つ一つのものの持ち味を味える力。これを持つものに喜びが与えられる。味わう力なきものには喜びはない。感謝はわかない。

26日 小難の忠告

その考え方は危ないですよ。その生き方は身を滅ぼしますよ。そのやり方はやめなさいと、いろいろな忠告をしてくれるのが病気であり、小難です。大事にならぬように反省すること、立て直すことが大切だと思います。

27日 諫言に耳を傾ける

忠告されてうらむ人がある。苦言を呈《てい》せられて怒る人もある。これは自分の欠点を取り去ることの大切さを知らぬ人である。自分の曇《くも》りをみがくことがいかに大切であるかを知らない人である。みがけば光る。清められる。自らの価値が高められる。それがやがて人からも運命からも大切にして貰《もら》える元となるのである。

28日　運命は魂の子

運命は自分の魂が生み出した子供です。自分の過去が生んだ子供です。どんな嫌な子であっても、どんなに苦しいことがあっても、自分の生みの子です。自分の心のかげなのです。それがわかれば、逆境もまたいたわる心、育てる心、どこまでも運命とともにすなおに生きる心が生まれてきます。

生も自分の生なら、死もまた自分の死です。病いも幸福も、すべて自分の姿です。自分に都合のいいものだけが自分のものと思う。都合の悪いものは人のもの、他人の責任だと思ったり、厄介者《やっかいもの》と思ったりすることは、人間のわがままではないだろうかね。

29日　いかに生きるか

何年生きると約束して生まれたわけではない。許されている間生きる。死ぬまで生きる。この間をいかにたのしく生きるかを考えてみる。必要なものは一揃《そろ》え与えられている。鼻も口も手も足も骨も腹も毛穴も、すべてこれめぐみである。天地自然の御親のめぐみあまねし。それを根源としてのわれである。

30日 伝教大師の教え

伝教大師《でんきょう》（最澄《さいちょう》）が残された言葉として聞いたことがある。それは黄金十枚、これは国宝ではない。一隅《いちぐう》を照らすものこれ国宝ということである。

黄金、大判、小判、これは人間が使う便利な道具にしか過ぎない。それ自体は国の宝ではない。あくまで人間が使う道具である。国の宝物というのは、一隅を照らす人であると教えられている。

31日 隅を照らす人に

どんな隅でもかまわない。照らしてゆける心になりたい。世の中の隅にあってもいい。その人がいるところは明るくなり感謝と尊敬と信頼が集まるほどの人になりたい。

2月

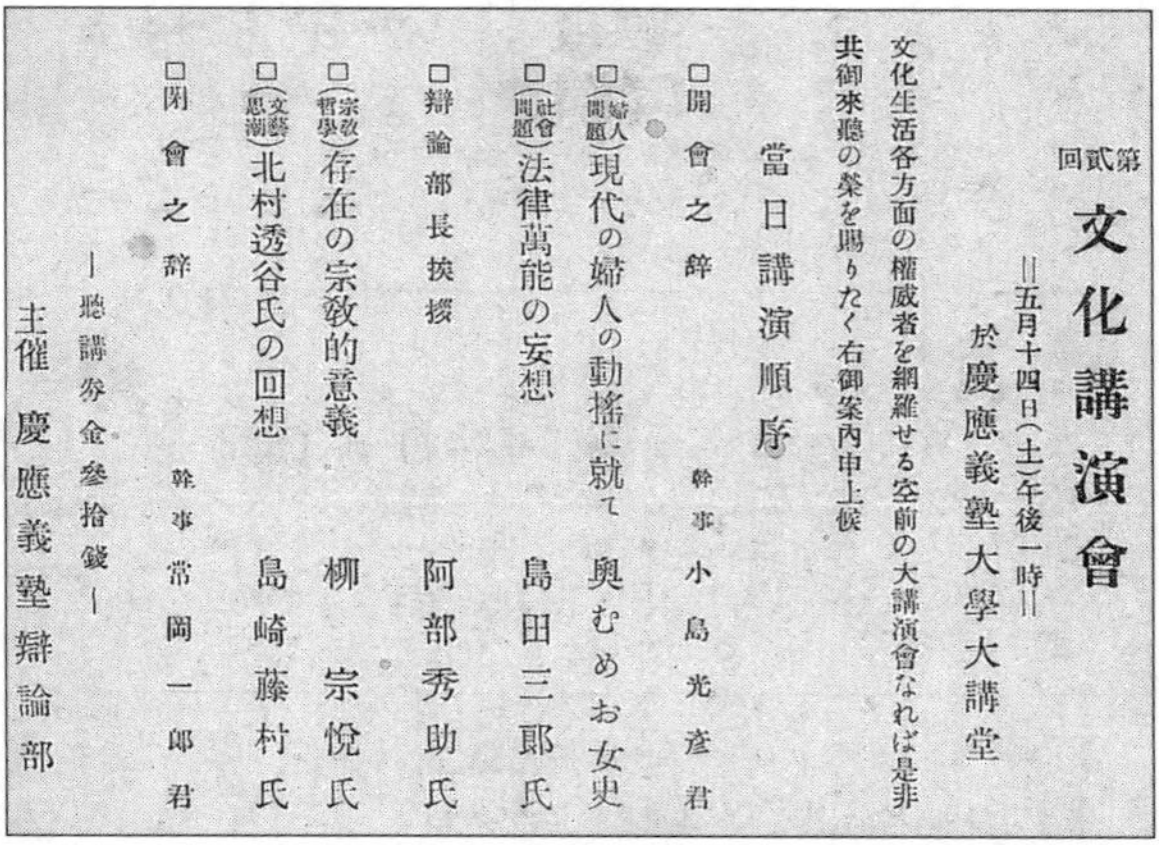
第貳回
文化講演會
＝五月十四日(土)午後一時＝
於慶應義塾大學大講堂
文化生活各方面の權威者を網羅せる空前の大講演會なれば是非共御來聽の榮を賜りたく右御案内申上候
當日講演順序
□開會之辭　幹事 小島光彦君
□(婦人問題)現代の婦人の動搖に就て　奥むめお女史
□(社會問題)法律萬能の妄想　島田三郎氏
□辯論部長挨拶　阿部秀助氏
□(宗教哲學)存在の宗教的意義　柳宗悅氏
□(文藝思潮)北村透谷氏の回想　島崎藤村氏
□閉會之辭　幹事 常岡一郎君
―聽講券金參拾錢―
主催 慶應義塾辯論部

島崎藤村らを講師に迎えた講演会を開催

1日 春を待つ心

冬来りなば春遠からじ。冬の次は、必ず春がめぐってくる。自然の運行には寸分《すんぶん》の狂いもない。冬極まって春をよぶ。これは天命である。

逆境に落ちたとき、そこから抜け出ようとあせる。しかし、これは先決ではない。どんな場合も、自らの心を倒してはならない。運命はふさがっても、心までふさいではならない。どこまでも、春待つ心を失わない。これが運命打開の第一歩である。

2日 いつか春が来る

形の上の幸福、成功をあせって、心の内に湧く力の尊さ、美しさ、強さを大切にしない人は、不自由と不幸に泣く日がある。今日はいかに不幸と不自由に包まれても、一日一日心の中に力を育て、光を加えて行く人の上には、いつかは人生の春が来る。いかな堅氷《けんぴょう》も、春の光に溶けて行くようなものである。

3日　福の神を集める

落ち目の人には元気をつけてあげる。落ちた人、病気や災難に会って、不幸に落ちている人を訪う。自分からやさしく下ってゆく。友達になってあげる。親切の心をつくしきる。暗い心の人によろこびの光をつけてあげる。そうして御恩になった所にはよくお礼を忘れない。御恩をかえす。そうすれば恩が無くなる。これで福の神様が集ってこられることになる。

4日　もったいない

もったいない。有難い。私のような不徳なものには過ぎる。——この心は相手を生かしきった低い、やさしい心です。満ちたりた心の姿である。こんな人には願いもしないのにもったいないことが起こってくる。願い通りになる世の中ではない。心の通りになる。この上は何も願いはないほど美しい心の人には、更にもったいないことが身のまわりに映ってくる。生かしきった人こそ、周囲の人々の感謝と喜びと尊敬を集めて生かされてゆく人であります。限りなく運命の伸びてゆく人であります。

5日 われに勝つ ①

勝つ。この勝ち方にもいろいろある。喧《けん》嘩《か》でかつ。やせがまんや屁《へ》理《り》屈《くつ》で勝つ。それは勝っても他人が喜ばない。人を苦しめることになる。これでは人の心も天の心も暗くなる。

天、人、我、共に喜ぶ。そんな勝ち方は、「われに勝つ」ことである。レコードで聞いたこんな歌を思い出した。

人はこころのおき処、柳は風にさからわず。人には負けよわれに勝て。渡る世間に鬼はない。

6日 われに勝つ ②

「われに勝つ」という。この場合のわれとは何であろうか。それは自己の我《が》執《しゅう》である。わがままである。きままである。朝寝、無《ぶ》精《しょう》、屁理屈……である。醜《みにく》い我執である。これに打ち克って朝も早く起きる。人のいやがることを、いそいそと果たす。わがままを捨てて勤めきり、つくしきる。そうして人を喜ばせる。これが「われに勝つ」ことである。

7日 人　相

あの人相で、あの手相で将来どうなるのだろう。危ない。恐ろしいという人をよく見かける。いつ、どこへ行くのにも、必ずつれて行かねばならぬのが自分の人相である。

8日 やつれた魂

不平や不満は人が悪いから起こるのではない。それは自分の真実の足りないやつれた魂の姿だと思います。よきつとめ、よき祈り、よき奉公に徹底すると汗と共に感謝の涙まで出ます。その内心にわき出る感謝の泉こそ不平も不満も冷たい心も消してしまう。

9日 大安心の運命

体力の強い人は骨身惜しまず働く。人の尊敬、人の憧《あこが》れ、人の感謝。こうした明るい心の光にかえておく。働くほど金も出来る。これを御縁ある人々にささげる。御恩をうけた人々に捧げる。報恩、感謝の徳の光を自分の心の中に育て上げる。この訓練の一日一日をたのしむ。これが大安心の運命を生む道である。

10日 幸福の光を増す

他人の幸福が光っている。それを消して自らの幸福がふえるものではない。他人の光を消して自らの幸福感を増すのではない。他人に幸福の光あれと祈りながら、自らの幸福の光が強くなるのである。与えながら自らも与えられる。これが幸福の光を増すのである。

11日 日本の心

「日本の心」とは、日本人が魂の底に持っている伝統の「あこがれ」の心ということであありたい。その、あこがれの対象は「太陽の心」「日の丸の心」ではあるまいか。

日のもとの国。日の丸の国旗。そこに「太陽の心」をあこがれてきた日本人、日の丸好きな国民性が表現されているように思う。

12日 心の和

秦《しん》の始皇帝は万里の長城を造った。満洲《まんしゅう》、蒙古《もうこ》、支那《しな》の境にすごい城をつくった。千八百里の長い城をつくった。山、谷、丘、川を貫いて築いた。今行って見ても驚くほどの長城である。これほどの力強い城で守ったら、子孫は末代滅びるはずはない。こう考えて自分を始皇帝と称した。それが内から人の心に背かれて一代で滅んだ。

京都の御所は櫓《やぐら》もない。天守閣《てんしゅかく》もない。堀もない。しかも千年の皇室である。力は強そうでも、大阪城の豊臣も一代で滅んだ。人の心の和は大海の水のように、横に広い結びである。

13日 小が大を生む

どんな偉大な国も、一人一人の国民の力によって組み立てられている。一人の努力は、全体にくらべてあまりにも小さい。無力にひとしいとすら考えられることもある。しかし、その小さいものの中に巨大なものの生命が流れている。認められないほど小さい仕事でも、それが大きいものを生み出す力となる。

14日 よき社会をつくる

一つの事は小さい。しかしどんな小さな仕事でも尊い。それが集まってのみ人間社会は組み立てられている。どんな物も大切に生かして使う。どんな人でもいたわって尊ぶ。どんな仕事も心をこめて奉仕する。この集りがよき社会をつくる。明るい文明と進化の道である。

15日　神の守り

他人が持てば非常に重い。自分で運べば自分のからだは軽い。誰でも自分のからだの重さは感じていない。楽に歩ける。これは神のめぐみに抱かれているからである。これは持って頂いて、ただ使うだけであるから軽く歩けると思う他はない。

肺病で衰弱《すいじゃく》する。五貫目くらいにやつれる。そんな人は親族の人々が集まっても動かすことが出来ない。御重態となる。神の守りを失えば、五貫目のからだでも持てあます他はない。ここにも限りない御親の親切が守っていることがわかる。

16日　天地自然の親心

からだに重さは必要だ。大風がふいても飛ばないで歩ける。新聞紙ならすぐ飛ばされる。だからからだに重さが必要である。然《しか》しその重さを本人に感じさせては可哀そうだ。毎時、毎分、毎秒。この身の重さを感じたら生きられないだろう。こう考えられたのであろう。天地自然の親心がまず「考え出された」のであろう。体重は必要だ。然し重さを感じさせる必要はない、と考えつかれた御心の現れであろう。

17日 粕を追うな

金で買えるもの。表面に現われるもの。身からはなれて行くもの。それは一切が粕《かす》である。金ではどうにもならぬもの。誰にもやれないもの。それが本当のその人のものである。

ところが多くの人は粕を追いまわしている。金や富や名誉を追いかける。そのために大切な時間を空費している。疲れ果てて自分の本質まで汚している。自分をみがくことの尊さを見失っている。

18日 粕を出しきる

汗、便、ガスといったものは、その人の身につかぬ粕である。粕となるもの、いわゆる身につかぬもの、自然の許さぬものは、長く持つほど悩みの種となる。

人はなんでも取り込みさえすれば自分のものになると考えがちである。いかに取り込んでも、食べても、出し惜しんでも、少しも身につかぬものは、鮮やかに出しきることである。絞りきるほど気持ちがいい。からだもそれだけよくなる。

19日 しぼり出す訓練

必死にしぼり出す。その訓練から力も強くなる。むずかしい訓練もきりぬける。その上に自らの実力がふえる。自ら進んで艱《かん》難《なん》に打ち当たる。たのしみがわいて来る。

20日 カラになる

力を出す仕事。しぼりきる生き方。その積みかさねが力のわく人。力の強い人になる。声を出す一方。かれはてて出ない。それでもふりしぼる。それが一声千両の歌手になっている。道理は同じである。金を出しきる。カラになる。この訓練が人相、手相を変える。

21日 必死の鍛錬

人が育ってゆくためには鍛錬《たんれん》が必要です。油断の出来ない程ハリ切って全力をしぼる。全身全霊をしぼりつくして初めて次の立派な成長が生まれる。いのちがけで戦う。勝負する。野球でも、相撲《すもう》でも、学問研究でも、発明でも、必死の鍛練から生まれている。

22日 自分をたたき直す

私が一生かかってやるべき仕事、それは自分をたたき直すことです。一時間でも、一日でも油断してはならないことは、自分の心のあり方を見つめ、使い方をよくする工夫です。いつ誰から見られても、私のどこにも不快さは見当らない。気持ちのよい人だと思われるまで私自身を仕上げたいと思います。

23日 人間の世を拓くもの

自分の意見がいつでも正しいとはいえない。相対立する意見の中に尊さを見出すゆとり、英知、これが人間の世を拓く。対立する相手を生かす、伸ばす、助ける、許す。そこに自分の生きる道がある。

24日 ゆるがぬ構えをつくる

自分の考え方を固持する人がある。それに反対する考え方の人をまるで敵のように思ったり、にくんだりする。これは自分を偏食児童のようにする。自分の考え方を相手に充分説く。相手の反対もたのしく聞く。その反対の中にこそ、自分の気づかなかったことを教えて貰《もら》う道がある。自分の意見と反対の立場の意見と、この二つを見事に組み合わせてこそゆるがぬ構えになる。

25日 理性をみがく

真理は誰のものでもない。どこの国のものでもない。天地を貫く永遠の道である。天下万人の宝である。これにうなずいてよろこぶ。これが理性である。理性の鏡をみがいておく。悪かったと思えばサッと引く。行き過ぎたと思えば、すぐゆずる。これは敗北ではない。理性の勝利である。明るい社会への前進である。

26日 破壊と建設

三十歳の男盛り、これを殺すのは一分間あればよい。心臓の一刺しでよい。三十歳になるまで育て上げる。これは三十年という時がいる。家を焼く。倒す。こわす。これは一日でやれる。建て上げるのは大変な時と金がいる。

破壊はたやすい。建設はむずかしい。十年の親しみも、怒りの一言で絶交にもなる。破壊ははでな音がする。建設には静かな苦労がいる。私は自分に常に自戒、反省せよと呼びかけたい。

27日　人生にユーモアを

引きしまった緊張と、ゆったりしたユーモア。この二つで人生の事は無理なく運ばれて行きます。ユーモアのない人生、ゆとりのない性格は疲れやすいものです。折れやすいものです。心にゆとりを持ちましょう。ユーモアや歌がわいてくるほどに……。

28日　心のしくみ

手紙一本書いても心は明るくなる。働いて借金を払った。やっとすんだ。こう思えば心は澄む。すべての行い、すべての考え、これは心をつくってくれる。また心をかえてもくれる。人間の心は、その人の過去の生活の徳、不徳、いっさいで組み立てられている。

29日 良いくせをつける

小さいことをやる訓練から私は始めました。便所の掃除。下駄《げた》ふき。靴みがき。手紙を書く。日記を書く。本を読む。こんなことでも隙間《すきま》なくやるくせをつけた。

手紙でも書いて出す。一つ仕事がすむとその時やれやれという安らぎの明るい心が出来ていることが分った。仕事をすましたら心が澄む。仕事がたまったら心の暗さ、重さがたまる。

よし、分った。小さい仕事でも引きうける。それをすます。この訓練を積み重ねてきた。

そこにおもしろさもわいてきました。この訓練が私のノイローゼから肺病になった心とくせをすっかりやり替えました。御参考までに。

3月

先生三十五歳の頃

1日 今一刻の有り難さ

自分一人の尊さを知る。今日一日、今一刻の有り難さを知る。これを離れて人生はない。大切にせねばならぬのは今日一日の生き方である。自分一人のみがき方である。大きい理想、高い希望も大切である。しかし、それは今日、今、自分自身からのみ生まれて来る。

2日 一日は生涯の縮図

力も、汗も、心も、物も、すべてを出しきる。ささげきる。常に今日一日を生涯の縮図と考えて、思いきり絞りきってゆく。そこに生きる道が与えられる。

3日 つくすうれしさ

自ら汗を流して働く。このたのしさを味わいたい。身につけたい。人に親切をつくすことのうれしさを身にしみこませたい。

4日 内容をよくする

誰も相手にしてくれなくともよい。自分を磨くのだ。徳をつむのだ。自らの内容を豊かにするのだ。こう考えて今日一日を大切に奉仕する。親切の限りをつくす。これほど明るい生き方はない。たよりになるのは自分自身の内容のよさである。自分の内容をよくする道は、現在持つものをすっかり絞り出す他はない。

5日 徳とは何か

「徳」は解く、溶く、ほどく、ほどこす、自分を放すことです。その結果、人がよろこぶ。感謝する。一見して損をすることともいえます。それが幸せの根元だと思います。

6日 徳の源泉

心は出来ない。至らない。何とかして明るい、広い、落ちついた心になりたい。心を作ろうと考えても仲々《なかなか》出来るものではない。事にふれ、物に当たっている中に全く知らぬ間に出来てくるものである。それだけ、多くの世の中の辛酸《しんさん》をなめて来た人ほど心は出来ているものである。云《い》いかえれば、解き難いものを解いてゆく中に徳ができる。困難に耐えて、これに打ち克つ時に徳は生れてくるものと思われる。

7日　世の宝

宝物は大切にされる。危険なところに置かないように心を配る。人の世の宝と仰がれる人がある。そんな人は自ら求めなくても大切にされる。心の使い方の美しい人はよい運命に守られている。危ないところから遠ざけられている。

8日　飾らない人の美しさ

なり振りかまわず働く人がある。飾ることを忘れている。そんな人に接すると、心にしみるほどの美しさが感じられる。

ちょっとひまがあると身をかざる。化粧にうき身をやつす。かざりの多い言葉や声の人もある。なんとなく親しめない。あきがくる人である。

9日 腹の大きい人

腹の大きい人だ、太っ腹だといわれる人がある。その反対に腹の小さい男、たよりない男といわれる人もある。どうしたら腹が太い人になれるかと問われる。私はこう答えた。自分のことに囚《とら》われたら、誰でも腹が小さくなる。相手の心をよむ。相手の気持ちがわかる。相手の身になって考える。このゆとりが腹の大きさを表明すると思うと答えた。

10日 ただ一人の道

徳は一人でつむべきもの。誰の顔色を窺《うかが》う必要もない。偉大な宗教の開祖の道も、ただ一人なるきびしさであった。すぐれた発明も発見も常に不屈の精神、一人の心魂《しんこん》の練り固められたものである。徳は一人でつむべし。心魂は艱難《かんなん》によって育てられる他なし。その次に来るものが万人の仰ぐ偉業である。

11日 幸せを築く勝ち方

相手を倒して栄える。悲しませて栄える。相手をふるえあがらせて栄える。しかし、これはまったく一時の栄え、人間小細工の繁栄にしか過ぎない。

お互いにはげまし合う。競争する。この勝ち方だけが自分の幸せを築く勝ち方である。

12日 円　満

太陽は丸い。地球も丸い。天体運行の道も丸い。木も人間の手も足も胴も丸い。円満こそ大自然の道である。運命の豊かさを生む道がそこにある。不親切、いらだたしい心。好き嫌いのはげしい心、偏狭《へんきょう》な規制づくめの心。これは半端な心である。

13日 運命と天命

自分の意志や努力で何とかなるものが運命である。どうすることも出来ないもの、これは天命である。男に生まれるか、誰の子として生まれるか。牛に生まれるか人間に生まれるか。生まれることと死ぬこと。これは人間の都合や努力ではどうすることも出来ない。一方的にきめられるから天命と思う。その天命の絶対的の枠の中に人は住んでいる。その中で自分の努力、心掛け、働き。これが自分の生きる道に大きい役割を果たす。己から出て己にかえるもの、これが運命である。

14日 運命をかえる力

運は天にあり、といわれている。運を天にまかせて生きる。まかせただけでよいか。運命は天に支配されて、人間はどうすることも出来ないものか。そうではない。運命の種は自分がまくのである。芽生えは自然が許すが、原因はこちらにある。だから、種をまきかえる。原因をつくりかえる。これが運命をかえる力となる。

15日　使うほど強くなる

物は使えば減る。靴の皮は鉄鋲《てつびょう》をうっても一年もすれば擦《す》り減る。革の手袋も時が来れば破れる。これは本当である。物質である以上、消滅していくのが当り前である。しかしし手の皮や足の皮はなかなか破れない、減らない。八十年でも九十年でも修繕《しゅうぜん》しないで働いている。使えば使うほど強くなる。これは単なる物ではないからではあるまいか。大自然の恵みに守られたもの、天のたまものであるからではあるまいか。

16日　神業の尊さ

からだの中にバイキンが侵入した。これはたいへんだ。こう中枢神経が判断する。そのバイキンを殺すために高い熱が必要である。その熱を高めるために毛穴をぜんぶふさぐ。体温が発散しないように塞《ふさ》ぐ。それが悪寒《おかん》である。身ぶるいとなる。こう聞いた。ここにもわれわれ自ら気づかないのに、自分の脳や皮膚《ひふ》や毛穴がサッとはたらく。このはたらきは注意深いはたらきである。このめぐみに守られて生きる。これがこの身である。味わえば無限の守りがわかる。神業の尊さが感じられる。

17日 心の隙

金がほしい。地位が上がりたい。名誉がほしい。人からよく思われたい。もっと出世したい。世にみとめられたい。こんなことを思って働いている人は心に隙《すき》がある。心がうわついている。目のつけどころが外向き過ぎている。そんな人に限って少し地位が上がればいばる。少し金がはいったら生きかたが乱れる。一度逆境におちた時はあわてることになる。

18日 金は使いよう

人の心にうらみ、怒り、無念残念の種をまきつける。とにかくつかむ。金をもうける。だましてでも、争ってでも沢山の金をとる。その金が悲しい運命と縁を結んでくれる。

逆に人の心によろこびの種をまいた金。感謝の涙の光をつくったお金。それは自分から出て行った。自分の役には立たなかったように思われる。他人からは「馬鹿見たなア、損をしたなア」と見える。しかしこれが自分のところに迫って来る不幸、不運、悲しみと縁を切ってくれる。

19日 安心を得る

富、家、地位、この点には申し分のない人が、自動車事故などで急死することがよくある。集めたものだけでは本当の安心にはならない。やはり人間は摑《つか》むことより、ささげること、空けることが一番安心である。

20日 安心の生活

誰からも大切にされる。性格、人格のよさ、正しい生活になれたよい習慣を身につけた人こそ真に尊い人である。人生がどんなに波乱に満ちたものであってもよい。自由に泳ぎぬける実力をもつことが、本当の安心の生活を生み出す。

21日　人間が知らないこと

人間はいろいろなことを知っている。お月様に行く方法さえ知った。月の本当の姿まで知っている。それでいてそのわり合いにちっとも知らぬこと、それは自分のことである。人間が人間を知らない。そこに非常な誤算が生れてくる。不平不満、なやみもだえる基がそこにわく。それがまた不運、不幸の源になる。

それでは人間はどうして生れたか。こう考えてみる。人間は自分の考えで生れたのではない。願わず、たのまず、考えず生れさせられたのである。なんのはからいもなく、とにかく生れさせられた。だから自分の願いが自分の主体ではない。天地自然の法則があって生れた。この法則、この御親の神のめぐみ。これが人間の主体となる。

22日 新陳代謝の鮮やかさ

けち、出し惜しみ、出ししぶる。これは愚《おろ》かな人である。自分の運命を曇《くも》らせている。ちぢこまらせている。この世はすべて出したものが自分を守るのである。

汗を出せ。力をしぼれ。心をくばれ。それがやがてゆり戻される。その鮮やかなくり返しが、新陳代謝《しんちんたいしゃ》の鮮やかさとなる。これほど天地のめぐみを呼び出す生き方はない。摑《つか》む。惜しむ。しぶる。滞る。なまける。欲に溺《おぼ》れる。これは自分を粗末《そまつ》にする生き方である。

23日 出したものの記念

己から出たものは己にかえります。人の世は、その人の出したものが形見として残ります。これが宇宙の法則です。病気もまた、その人の出して来た不幸、不満、薄情、こんな心の姿が形見として残されているのであります。

現在の自分の全体は、過去において自分の出して来たものの記念の姿です。人はともすれば物が人を守ると思いがちです。しかし、そのものが守るのではありません。天の理に添わなかったら、物は何の役にも立ちません。天の理に逆らってつかんだ物は、かえって身を滅ぼすことがあります。

24日 絞りきる生き方 ①

力をいつも絞りきる人には、力瘤《ちからこぶ》がその形見として残されます。声をいつも出しきる人には、よい声と丈夫な喉《のど》とが記念としてその人に残されます。鍬《くわ》をとって幾度も手の皮をむいた人には、タコが厚い皮となってその人に残ります。その人の出しきったものが、その人に将来永遠に残されるものです。これが神の定めた自然の法則です。己から出たものは己に返るものであります。

25日 絞りきる生き方 ②

財産も富も、その人の集めたものが残るのではありません。その人が財や富や地位をつかむまでに絞った心の姿と努力の結果が残るのです。かりに非常に悪い心と、人の怨《うら》みを買うようなやり方をして富や地位をつかむとします。そのときは、その悪い心の種と、悪い天の理とが残るのです。その人の将来や子孫には、その集めたものは残らない日が来ます。悪い種の姿として思わぬ不幸が続きます。そうしてその不幸のために、かき集めたものは失われて行くものです。

26日　きりかえる

生活、習慣、くせを思いきりかえたら心の内容が替わる。心の使い方が上手になる。そこに明るい運命と釣り合う変化がはじまる。

27日　手近なところから

大きいことを考えて何もしない人もある。手近な小さいことから一つ一つ片付けたら、大きいことをやれる資格が出来る。仕事に油がのってくる。調子づいてくる。調子づいたら心は明るくなる。はりきってくる。その心にふと浮かぶ。考えるのでなく浮かんできた考えが大切である。りっぱなヒントになることが多い。

28日 人生の達人の考え方

わけのわからないことをいう人がある。それを聞いて不快になる。そんな馬鹿なことがあるかと叱《しか》る。しかしそれは、叱った人がわけのわからぬ人間だということになる。もしわけのわかった人間なら、どんな理由であんなわけのわからぬことをいうのだろうかとよく考えてみる。そうしてわけのわからぬことをいったわけがなるほどとわかる。相手の立場までわかる人が本当にわけのわかった人である。人生の達人である。

29日 相手の立場で

どんな場合でも相反する相手の立場になって考えてみる。そのゆとりがいる。思いやりがいる。許す心、わびる心がいる。これが出来てから後にニッコリ相手を叱る。理解させてからせめる。これは相手に反省を求め、相手の欠点を教えるよい結果になると思う。

相手をせめる。これは相手が悪かったと気づいてこそ、価値があったことになる。相手に反省を与えることが目的である。それなら、自らの足らざるを反省するという種を、自らもまたこの世にまきつけておかねばならない。種なしに芽は出ない。

30日　公平な世界

天は人間から一物をも借りない。われわれの捧げたまごころは、たとえ相手に通じない時も天はその人に返します。善も悪も幸も不幸も己から出たものは一切己に返るのが公平な自然の世界であります。

31日　尊敬される生き方

目は光らせるよりも、なるべく閉じた方がいい。そのかわり魂の光を強めることである。目の光よりも魂の光の方がたしかである。目を光らせるということは、自分の立場、自分の都合、自分の利益を主として考える場合が多い。魂の光を強めるということは、自分に囚《とら》われない修業にいそしむこと。まわりの人から信頼される生活をすること、尊敬される生き方を心掛けることである。

4月

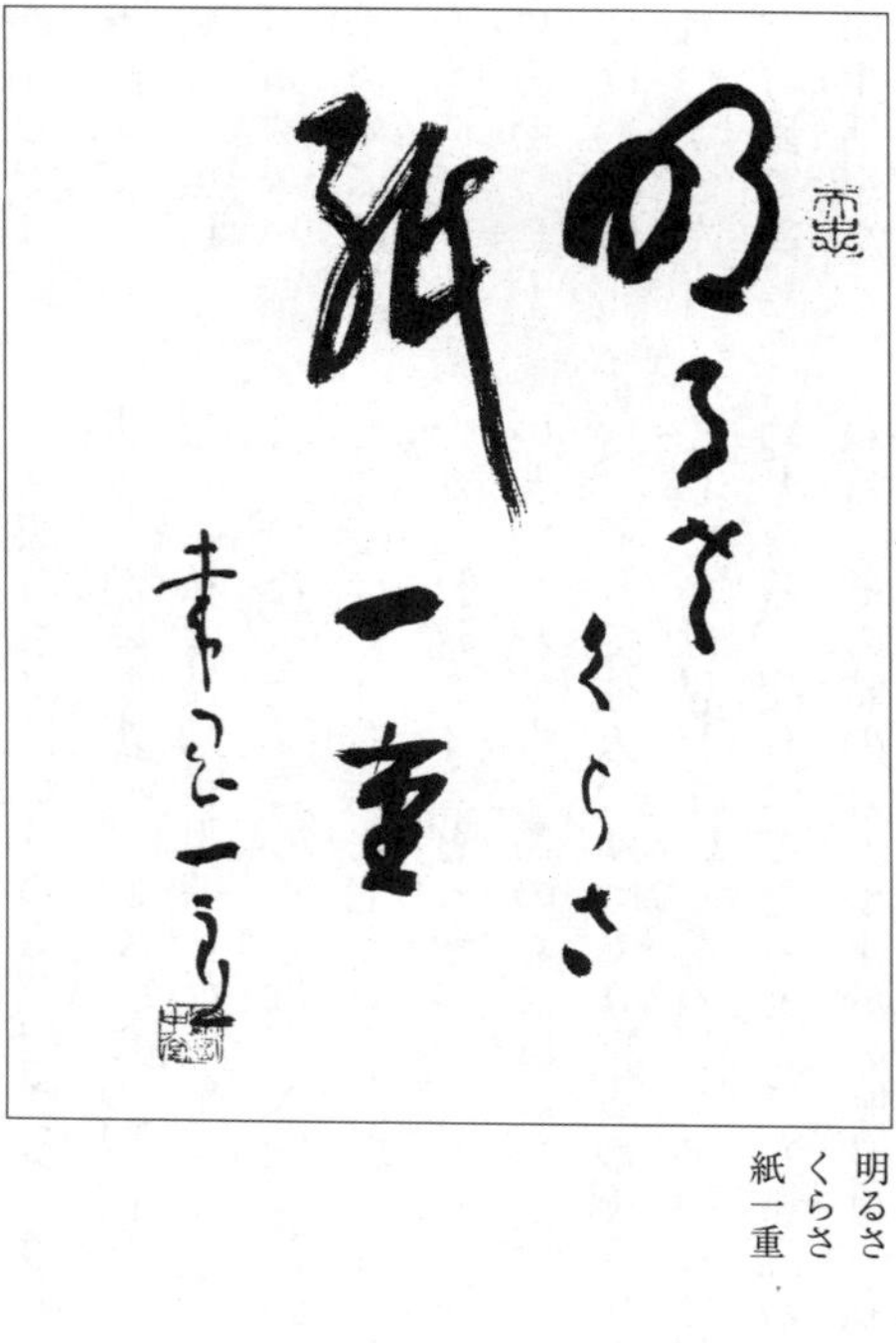

明るさ
くらさ
紙一重

1日 咲いた花と散った花

桜の木が春に出会って花をもらうのではない。自分が冬の寒い日もじっと耐えて、準備してきたものが咲いたのである。然《しか》し咲いた桜はまた必ず散らねばならぬ。

どんな不幸も、災難も、出会ったのではない。自分が準備して育ててきたものである。表面に表れてきたのは災難に出会ったのではない、自分の災難がこれで咲いたのである、やがて終って散る、これですんだのである。いやなことは、あるだけ出てこい。早いがよい。すませてあとの生活をたのしむ。こう思えば明るさが生れる。

2日 良い習慣は宝である

朝四時半に目がさめる。起きる。考える。書く。語る。歩く。働く。この習慣をつくるのに私は長い間訓練した。やっと出来るようになった。このくせは、大変な苦心と努力でつくりあげた宝であると思っている。だから日曜です、どうかゆっくりねて下さいといわれても、このくせはこわしたくない。それで他人のゆっくり寝るのをうらやましいとは思わない。たのしく早朝の目ざめとなる。疲れはてたらどこでも無意識にねる。その時の五分か十分の眠りは、私にとってはまったく有り難い。

3日 運命の深呼吸

よく食べてよく消化する。すぐ腹の減る人は身の健康法。空気をよく吸ってよく吐き出す人は深呼吸による健康法。よく汗と真心を絞る。その結果自然に、無理なく、他人の尊敬と感謝とともに入る財産こそ、運命の深呼吸である。

4日 運命のひらき方

自分の運命をひらく。これは自分だけしかできないことである。やたらに神仏をたのむ。拝む。それで自分を反省しない。自分をわかろうとしない。なおそうとしない。さらに不幸の深淵《しんえん》におちていく、これは運命のひらき方がわかっていないからではあるまいか。

5日 未来は過去から生まれる

すべての人が将来の幸せを願っている。それなら自分自身を叩き直す。鍛えぬく。磨きぬく。何人もその過去より他に将来は生まれて来ない。これがわかって来たら、人間の生き方、考え方がすっかり変わってくるはずである。

6日 現在を生き抜く

昨日はどんなに呼んでも、再び帰っては来ない。現在を明るく迎え、必死の努力をつづける以外に、過去の暗さを消す道はない。明日はすぐ来る。来年もすぐ来る。油断してはいられない。ぼんやりしていてはまたつまずく。心を常に明るく生き生きと保つこと、過去にとらわれず、将来を空費せず、現在をはりきって堂々と働きぬくことである。

7日 尊い人

前途に希望がある時は心がいさむ。何でも軽く持てる。たやすく困難に打ち当たる気にもなる。希望が果たされたら心はゆるむ。果たされても同じように心の勇む人、心に油断のない人、心豊かな人こそ教養の高い人といえる。まして他人の責任を引きうけて重いと感じない人は尊い人である。

8日 尊敬される人に

どうか皆さまの全心全力をつくして下さい。父母に、夫に、妻に、親族に、知友の方々に、そうしてあなたの相接する人たちから尊敬される人になって下さい。親しまれる人に育って下さい。感謝される人、好かれる人になって下さい。これが願わずともわれよろこびに生きる運命をめぐまれる唯一の道だと思います。

9日 神とともに生きる

神があると説く人は多い。しかし、神とともに生きる人は少ない。神なしには生きられないほど切実な道を、身をもって生きる人は少ない。

神を説くことより、神を動かす生活こそ尊い。神とは何ぞや。むずかしいことはわからない。しかし、大自然の偉大な歩みの中に、神の姿を見るのである。

天体の運行する整然たる姿、人間の体の巧妙な組立て、白い御飯を食べて赤い血と肉が出来る摂理、生命の神秘——あまりにも多くの人間の力を超えた偉大なものが、われわれを抱きしめている。

これを神の姿とも、働きとも感ぜざるを得ない。この神の心に副《そ》って生きる。ここに人生の出発点をおこう。私はこう考えていた。

10日　自分みがきを楽しむ

春風の如くやさしく人に接せよ。秋の霜の如くきびしく自分を律せよと教えられた古人の言葉を尊く思う。毎日真剣に自分のみがき方をたのしむ。汗をしぼり、力も心も配りつくす。そんな生き方によって自分を育ててゆきたい。この願いが年と共に強くなってゆくようになりたいと思う。

11日　徳と毒

徳と毒はよくにている。徳は毒のにごりを取ったものだ。毒が薬ということばもあるではないか。毒になることでも、そのにごりを取れば徳になるのである。どんないやなことでも、心のにごりを捨てて勇んで引き受ける心が徳の心だ。いやなことでも、辛いとかいやとか思わないでやる、喜んで勇みきって引き受ける、働きつとめぬく、それが徳のできてゆく土台だ。ばからしいとか、いやだなあというにごった心をすっかり取って、感謝と歓喜で引きうけるなら辛いことほど徳になるのだ。

12日 抵抗は前進の源 ①

のれんに腕押しという。これでは自分の方に力がわいてこない。張合いがない。抵抗がないからである。小砂の丘を走る。足がめり込む。やわらかい砂には抵抗がない。それで前進する力が削られる。前進するためには大きい力がある。やわらかなもの、やさしいものは肌ざわりはよいが、力は湧かない。勢いは削られる。飛行機が飛び立つ時、勢いが必要である。だから風に逆らって走る。これも滑走《かっそう》とともに風の抵抗を貫いたいからである。相撲《すもう》や野球も相手が抵抗となる。相手が強いから油断ができない。それで自らの向上と前進の勢いを貰う。

13日 抵抗は前進の源 ②

抵抗を生かして使うものはすばらしく前進する。抵抗に砕ける意気地なしは滅びる。失敗も、病気も、災難も、人生行路の一つの抵抗である。前進するために必要である。必要なものでないと与えられない。鼻も、耳も、手も、足も、自然はわれわれに与えている。病気や失敗や災難もまた、必要な人間前進の抵抗である。真理に向かって前進する悟りは、抵抗の苦しみ、なやみ、迷いから生まれる。

14日 マイナスを積み重ねる

人は表に出たいと願う。儲《もう》けたい。摑《つか》みたい。華やかな人生を歩みたい。これは＋（プラス）である。英雄の道である。プラスを呼びよせるものは－、マイナスである。引き算である。この宇宙の真理がわかったら、毎日マイナスを積み重ねて楽しむ。これが宗教の宗祖教祖の道である。

15日 感謝の道を守る

人生の旅路において大切なことは、報恩の心、ありがたいと思う心である。心から感謝の道を守りぬくことである。たとえ自分は食べることを削っても恩には報いる。身はくたくたになるまで感謝のために働く。それで身はやつれてもよい。境遇は不自由になってもよい。心に喜びと落ち着きと安心が生まれてくる。これが運命の力となる。明るい運命が拓かれて行く。

16日 繁栄のよろこび

仕事に精を出す。根限り力をつくす。真心も配る。親切もつくす。そうして世のために奉仕する。人のよろこびにささげる。その結果心中に一点の悔《く》いもない。その終点が繁栄のよろこびに転じる。

17日 仕事をたのしむ

仕事は辛い。しかしこれもつとめだ。こう思って働く人は疲れやすい。辛いが辛抱《しんぼう》する人もある。辛抱は暗い心の姿である。いつかは限度が来る。明るくひらける道は、仕事をたのしむことである。

働くことが好きな心。これには暗さがわかない。働くほど自信が出来る。よろこびもわく。なんでも勇んで取り組む構え。常に明るく働く心構え。これが一番たのしい生き方になる。

18日 人間練成の秘訣

　人間は若い時に身心ともにきたえることが、人間練成《れんせい》の秘訣《ひけつ》です。だから、失敗したり、落第したり、逆境に苦しんで友人より十年くらいおくれることも、あながち無意義ではありません。

19日 道筋の尊さ

　成功する。それは有り難いことである。しかし尊いことではない。もし成功が尊いものとしたら、それは成功自体ではない。成功するまでにこぎつけた道すがらが尊いのである。

20日　伸びる運命の心

春のような心。人を責めない心。あたたかく一切を伸ばす心。すべてを包み、すべてを抱え、すべてを生かしたのしむ心。この心の人が、伸びる運命を持った人ではあるまいか。自分の伸びることを考えない。伸ばしてやることのみをたのしみにする。この純真な大きい心が、伸びる運命の心であると思う。

21日　天が守る人

富や金によって人は守られるのではない。質のよい種が大切である。勤勉、慈悲、明朗、人のために幸福の種がまかれて、その幸福の種が芽生える。幸せの花がさきみのる。この結果として富豊かな人になるのであったら、富もまた守る力をもっている。幸福に守られる資格のない人、人を苦しめたり、わがまま不倫の不徳を積み重ねたりした人は天が守らない。いかに富があっても幸福はあり得ない。

22日 慢　心

うれしい時によろこぶのは当然である。しかし慢心《まんしん》は恐ろしい。自分のねうちを高めないで出世したり、不当な策略で世に出るのは恥ずかしいことである。自らのあさましい心を見つめて反省すべきである。

23日 わがまま

地位が高くなったからといってわがままを通せば、部下に不満がつのる。我意を通せば、うなずけない思いのしこりが部下に残る。それはやがて自らの不幸となる。お互いに戒《いまし》めあって、愚《おろ》かなわがままは思い止まるべきである。

24日 生かし合い

ペンを生かすものは紙である。紙を生かすものはペンである。下に向かって流れる水、上に向かって燃える火。上と下。火と水。これが調和して風呂もわく。おいしいご飯もたける。すべて生かし合いである。

25日 合わせあい

野球でもテニスでも敵と味方に分かれる。いよいよ生命がけの斗《たたか》い。どうしても負けられぬ。必死の決戦だとはり切る。然《しか》しやっていることは「合わせあい」である。敵のなげる球をじっと待っている。バットを構えて待っている。敵が投げたその球を見る。ヤツ、敵の投げた球。にくい敵の球と見逃して打たなかったら「見のがし」で負けになる。

どんなにいやな球でもよい。合せにくい球、まがりくねった球でもよい。見事に合わせてこそ、ホームランにもなる。勝利につながる。

26日 開運の道　①

悪いと知って止めねば、悪がつみ重なる。それは自分自身の自由自在をしばってしまう。運命の悪い人がそれである。運命の悪くなる種は、自分がつくっているのである。悪いことをやめる方法は、よいことをする習慣をつくること、よい人と交わることである。これが積極的な開運の道となる。

27日 開運の道　②

煙草《たばこ》の中毒のようになった人がある。十分間も吸わないではいられない。そんな人が私の講演をきいている間、三時間も煙草を吸わなかった。吸うのを忘れていた。そこで気がついて、三時間吸わないでもなんともないものだとわかった。それは吸うのをやめたのではない。思い出さないほどほかのことに気をとられたのである。修養、読書、仕事に専念する。それを習慣になるまでやる。身につける。よいくせになるようにつとめる。これが開運の道だと思う。

28日 体当りで生きる

もう生まれてしまった。この上は生きるより他に行く道はない。さあ生きよう。いつまで生きる。わかっている。死ぬまで生きる。死ぬ日はわからぬ。だからたしかなことは今日、今、このいのちだけ。さあ生きよう。今、今日、このいのちと思えば、体当りの構えではりきる。私は幸せだ。なぜか。夢中でやれる仕事が待っているからだ。

29日 油汗をしぼる

人間の一生にも節がある。どうにものり越せない節がある。それをのり越すためには全身全霊の力がいる。油汗《あぶらあせ》をしぼる苦しみがいる。肝《きも》にこたえる反省がいる。この世は自分の出したものが自分に還って来る。自分に残る。節をこえるために絞りつくしたものは、その人の宝として身と心に残っている。辛酸《しんさん》をなめて人間が出来るといわれるのがこれである。

30日　環境のせいにするな

環境をかえてくれたら助かるのにと思うものは、いくじなしである。環境が悪いから自分が悪くなるのも仕方あるまいという人は無責任な弱虫である。環境の悪さ、苦しさを天の名代《みょうだい》と考えて、恩師として迎える心、鍛練《たんれん》して貰《もら》う心、それが賢明な人生を生み出す心境である。

5月

修養団の会合にて、当時の皇太子殿下（今上天皇）、美智子妃殿下と談笑

1日 心の花

心の花。これは心の開いた姿である。悲しみは心を閉ざす。病みわずらい、怨《うら》み、のろい。これは暗い心、開けない心である。いままでうらみのろっていた心も、なるほどどうかとうなずけば明るく晴れる。心が開ける。うなずく心、陽気な心、感謝の心、感激の心、これが心の花の開いた姿である。

2日 赤ちゃんに学ぶ

親の好きな笑顔、その笑顔を生む上きげんの心、人間は常にこれを赤ちゃんに学ぶべきである。欲のない無心の生き方、そこに天地の大愛から充分に守られる資格が出来るように思う。

3日　希望と目標　①

足元だけを見つめていると前が見えない。目の前のことに囚《とら》われたら見解はせまくなる。心は暗くなりやすい。

4日　希望と目標　②

人は大地に足をつけて歩く。同時に天空を仰ぐ自由を許されている。明日へ見通し、生きる理想、前途《ぜんと》の希望を持つことである。たとえ死んでも、これならやり甲斐《がい》がある。これは尊いというときに、確信も、勇気も生まれてくる。一歩一歩の歩みに力が加わる。

5日 子供を導く

子供が道に迷っている。その時まず光をつけてやること。それで道が照らされる。その道の中で何《いず》れが正しいか。これをたのしく教える。その道を通るように手引きする。これが賢明な親のやり方であろう。

いかなる場合でも心を開く。まず自分の心に光をつけること。相手を明るく照らして道を教えることが大切である。

6日 親のよろこび

親は子供から拝まれることはうれしい。然《しか》しもっとうれしいことは子供を拝みたい心をもちたい。子供が育つ。次第に正しい道理も分かる。情熱をもって自分のつとめをたのしんでくれる。心も明るく。広く。すなおであったら、親はよろこぶ。よく育ってくれたと安心する。むしろ子供の後ろ姿を拝みたくなる。これが本当の親のよろこびではあるまいか。

7日　節から芽が出る

苦難、逆境にたたき込まれたとき、二つの生き方が生まれる。一つは、いかにして逆境をきりぬけるかを考える人。一つは、いかにしてこの逆境に自分を育てるか。素質をかえて自らを成長させるか。こう考える人と二つの型がある。しかし、あくまで鍛えられることをたのしむものにのみ、明るい将来は約束されるのではあるまいか。節から芽が出る。節におどって伸びる。これが尊い信念である。

8日　節が強さを生む

竹ふしありて強し

これは私がよく色紙に書く言葉である。節があって竹の強さが生まれている。人間も逆境をこえてこそ心も練られる。強さも生まれてくる。嵐、それは自分の鍛練《たんれん》の時を天がお与え下さったのである。これをよろこび、尊ぶことが嵐をこえる心である。

9日 姿なき大地

この世の中は姿なき大地である。運命の種をまきつけてゆく大地である。われわれの心の持ち方、行い、言葉の使い方によって、人の心にいろいろな種をまきつける。

感謝の種、明るい微笑《ほほえみ》の種もあろう。しかし、不平、のろい、うらみの種もある。それがやがてはわが運命の障害となって現れてくるようである。気むずかしい人、接する人の心を痛めるほど厳格な人、こんな人は自分で首をしめているようなものである。

10日 美しい種

人間は自己の勤めを楽しみにする。これが一番尊い美しい種です。そうして人生を公明な大自然の守る大地と考えて下さい。その姿なき大地に一日一日悔いなき努力の美しい種を蒔《ま》きつけてゆくのです。この種のねうちが光るとき、その人の価値が尊くなります。その人の周囲にあるなやみは不思議に溶けて消えてまいります。なやみや不幸とは凡《およ》そ釣り合わない人になります。

11日 天の命令

人間は権利があって生まれたのではない。この世に生まれたのは、一切が命令である。だからいのちは命と書かれているのもおもしろい。大自然は公平である。きびしくさばく。行き過ぎはゆり戻す。遠慮なくさばく。怠《なま》け者、骨惜しみする者、無精《ぶしょう》者、それは退化する。滅びる。出し惜しむけちん坊、これは自然への反逆者である。自然の一番きらいなのは、惜しむことである。どんな人も天地のめぐみで生まれた。（中略）何も知らず、何も考えず、はからわず、誰にもたのまず、誰からもたのまれもせず、この世に生まれてきた。全く天命である。

12日 全心を配る

他を生かす。そのために自分の全力をつくす。全心を配る。この喜びがすべての人の心にしみこむことが、平和の許される道であることを痛感します。力を出せば力が減るのではないこと。力をしぼる以外に力の伸び育ち強くなる道はないこと。この一事を心にやきつけただけでも、愚《おろ》かなのは利己主義であること、利己主義が平和の敵であることがわかって貰《もら》えると思います。

13日 自分の殻を破る

人間は自分を守ろうとする。自分を守るために殻《から》をつくる。利己主義の殻をつくる。それは大自然のめぐみを自分のカラで拒絶する生き方ではあるまいか。

自分の殻を破る。自分を投げ出す。相手にとけ込む。自分を守らない。全身全力をなげ出す訓練。自分をみがく。鍛える。そのためには自分の全力をしぼる。全心を傾ける。何でも学ぶ。明るく感心のけいこをする。この毎日の努力のつみ重ね。それが私の性格のつくり替え法になった。

14日 向上の一歩

人間は忙しい。自分のことだけでも精いっぱいです。まったく生きることはむずかしい。生きぬく道はけわしい。すぐなにかに頼りたくなる。すがりたくなります。

断乎《だんこ》として向上の一歩を守りぬくためには、強い意志がいります。理性を育てねばなりません。自分のこと、わが家のこと、子供や孫のこと、まったく重い荷をもって生きぬくのです。とてもゆとりはありません。その中から身を削る思いをしないと、徳をつめません。向上の一歩は宝です。一歩くらいと軽く見てはなりません。一刻をさき、一円を削るところに向上の基礎があります。

15日　縁を結ぶ道

縁を結ぶ道は、出す、空ける、ことから始まる。いくら金をもっていても、出さない人には物は買えない。人も使えない。車にものれない。つかむ、握る、出さない。これは縁切れの構えである。

16日　空腹の気持ちよさ

りっぱな家に住んで泣く人、もだえる人、眠れない人がずいぶんある。つかみすぎ、持ち過ぎではあるまいか。空腹はかえって気持ちがよい。

17日 基本は動かない

上アゴは動かない。下のアゴが合わせる。それで自由にものが食べられる。すべて基本となるものは動かない。天地自然の御親のめぐみ。これが基本である。それによって何もかも設計されている。組み立てられている。従って自由自在の許しはこの大自然の心に合わせることが根本となる。

18日 からだの不思議

われわれのからだを見ても、実によく設計されている。二つずつある道具、二つの目、二つの眉《まゆ》、二つの手、足、乳。これは左右両方に分けて、横に並べて置いてある。そうして一つしかない道具――鼻、口、喉《のど》、臍《へそ》等は、すべて真ん中に集めて、縦に並べて置いてある。見事な、注意深い設計である。

19日 巧妙な自然のめぐみ

蛙《かえる》の子が水中を泳いでいる時は肺はない。魚の子と似ている。いよいよ後ろ足が出来てくる頃、肺が出来てくる。肺が出来上がる頃は、前の足が出てくる。それで丘の上に這《は》い上がって一人前の蛙になる。なんという巧妙な自然のめぐみであるかに心を打たれる。

20日 大小の誤解

小さいことなら容易に出来る。大きいことは難しい。人間はこう考える癖《くせ》がある。物事のなる、ならぬはことの大小によって定まるのではない。

母の胎内《たいない》に宿っている子供は二月、三月のうちは非常に小さい。小さいから出易い。それで時々顔を出したということは聞いたことがない。それが十月たって臨月《りんげつ》になれば大きくなる。驚くほど大きくなると容易に出てくる。小さいから容易なのではない。どれほど小さいことでも自然の許しがなければむずかしい。

21日 ただ前に進む

人間のカラダは前に進むようにつくられている。後ろに向って歩くのはむつかしい。だから前進せよ、と天が命ぜられているように思う。

22日 止まるものは退化する

勇ましく進む。行きづまったら工夫する。そこに次の真理をさとる。またたえず働く。勉学にはげむ。毎日毎日必死に努力する。それをつみ重ねて人間は進化した。この人間の進化が文明を生んだ。止まるものは退化する。退化は大自然への叛逆《はんぎゃく》になる。

23日 良いくせをつける

悪いくせをとる工夫より、良いくせをつける訓練をつづける人が賢明である。悪い友をさけるより、よい友をもつこと、よい友に近づくこと。そのためには良い会合に出ることである。

24日 好機を生かす

どんな好機でも、生かしてこそ好機となる。好機を逃がしたら好機ではない。悔いだけが残る。悔いなきよろこび、それは好機をつかみ、見事に生かすもののよろこびである。

25日 墓穴を堀る

人が出世する。幸せになる。それをうらやむ。批判する。攻撃する。相手を傷つけようとする。これは自分の墓穴を堀ることになる。他の光を消すことはない。相手の光が眩《まぶ》しい間は、自分の光が貧弱な証拠である。自分の光がすぐれたらよいのである。他人の光を消すことよりも、自分の光を強める生き方、これが幸福の基となる。

26日 正しい生き方の人

物には持ち方がある。手に持つ。摑《つか》んで持つ。握って持つ。これは疲れる。耳や鼻や手や足は、死ぬまで持ちつづけても疲れが感じられない。気にもかからず、重荷にもならず、ほうりっぱなしで眠っても、人に取られもしない。こんな持ち方は、人間自身が持っていないからである。自然に持って貰《もら》って、許されて貸してもらって、本人はただ使用するだけだからである。地位や名誉も財産も、人の喜びとよい運命にささえて貰って、ただ必要なときに困らぬように間に合う人こそ、正しい生き方の人ではあるまいか。

27日 たゆまず磨く

毎日握られる電車のハンドルは光っている。金のように光っている。金でつくられた人形でも、凹《へこ》んだ箇所は光を失っている。ほこりがついている。毎日たゆまず磨く。こする。鍛える。これがいつの間にかその人の人格を美化する。性格をつくりかえる。

28日 運命を強める道

重い荷をひき受けている柱は、邪魔《じゃま》になっても取り除けない。なにも重荷のかかっていない障子《しょうじ》は、強い風にふきとばされる。人間は自ら進んで人を守り、自ら重荷をたのしむことが、自らの運命を強める道である。

29日 住めば都

住めば都という言葉がある。田舎に住んで住みなれる。住みなれたら田舎でも都のような気になる。こういう意味の言葉と思っていた。

ところがもっと深い意味があるのではないだろうか、と考えるようになった。徳が高い人が住めばそこが都になる、ということを聞いて非常に心をうたれた。

そうだ。弘法大師が住まれただけで高野山に都が出来ている。いまは電車や汽車がある。しかし、紀州の山をぬって高野山まで進むのは大変である。深山の重り合った高野山、淋《さび》しい奥山、それが大師の死後千年、なお訪う人の絶えぬ都である。

伝教大師が比叡《ひえい》に住めば、千年の後もなお訪う人のあと絶えぬ都となる。偉大な宗教の教祖、高弟のあとを訪う人はたえない。幾十万の人が集まるところは都としてにぎわう。徳は孤《こ》ならず。千古を貫く生命の流れを感じる。高徳の人の住むところが都になる。

30日　名刀の作り方

錆《さ》びやすい鉄、もろい鉄、これを火にやく。水につける。打つ。火花をちらせて打つ。そこに錆びない鉄、白光かがやく名刀も生まれる。鉄カブトを斬っても歯こぼれもしない鉄になる。人間も鍛練《たんれん》をうけるほどみがかれる。

31日　前だけ見ていればいい

人間の目は前についているだろう。後にはついていない。だから前しか見えない。横はたかだか一八〇度、後は見えないようになっている。だから人は過去のことは思わなくてもいいんだよ。前、先を見つめて生きていかなければいけない。後は、人がみてくれるよ。

6月

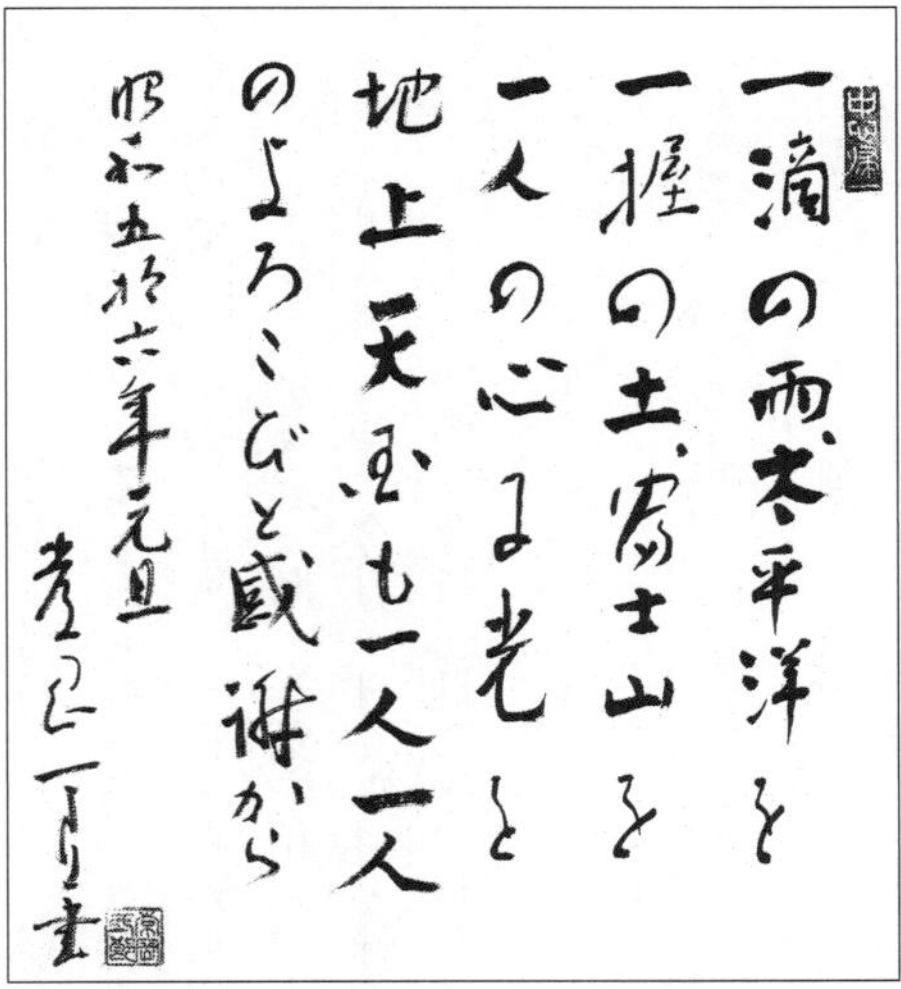

一滴の雨、太平洋を
一握の土、富士山を
一人の心に光を
地上天国も一人一人
のよろこびと感謝から

1日 一日一生 ①

今日一日だからといって、その日暮しをしてはいけない。一生の一日として、一生を貫く一日の生き方をいとなみたいものである。

2日 一日一生 ②

どんな高い山も、一握りの土から成っている。大海も一滴の水の集まりである。人の一生も、一日一日から組み立てられている。一時、一刻を積んで人の一生は成り立つ。今日一日くらいと軽く考えてはならない。今日一日こそ、わが一生の基礎である。

3日 大自然の道

どんなに力の強い人でもつま立ったら、もう上に飛び上がることは許されない。下にかがむ。それが上に飛んでよい許しの条件である。人間は足があるから歩けるのではない。足を出すから歩ける。それも左の足が前進するためには、右の足にまず出てもらわねば左足の前進は許されない。空気もあるから吸えるのではない。吐いたら吸える。吸うて吐かないものは絶対に吸うことを許されない。

4日 流　転

サラサラと流れてやまぬ、流転また流転、これが大自然の姿である。自然の恵みによって一切ができ上がったこの世界である。

この流転の尊さを忘れたものは滅びる。安逸《あんいつ》をむさぼり、怠《なま》けるものは退化する。滞《とどこお》るものはくさる。栄える運命は、流転の大道におどり出たもののみに与えられる。

5日 大海は濁らず

小さい川は濁《にご》りやすい。大きい河はちょっとでは濁らない。大海は常に濁らない。人間の心も小さいわれに囚《とら》われたときは濁りやすい。心をひろげてわれに囚われないようにする。自然な公平な立場にあって相手の立場を理解する。このとき心は大きく広くなる。こうして濁りやすいわが心は、次第に濁りがなくなる。自分のいい分、自分の立場に囚われないことを心掛けることが、伸びる一つの条件である。

6日 心の狭い人は伸びない

あまり心の狭《せま》い人は伸びない。またその人の子孫も大成しない。よく伸びる運命を持たないようである。狭い窮屈《きゅうくつ》なところでは、人間の心も何か押し込められたように感じる。伸び伸びとされない。狭い心の人は、人を責める。ちょっと人の欠点が目についたら、腹が立つ。気にかかる。責める。他人を責める心は温かさがない。広さがない。ゆとりがない。冬のようなとげとげしさがある。相手の心をちぢこませる。いじけさせる。

7日　いっさいを包む

心が伸びられないのは倒れやすい。自分の敵になるもの、邪魔《じゃま》をするもの、不快なこと、辛いこと、これに対決する構えは疲れやすい。いっさいを包むべきである。すなおに親しむのである。この心こそ尊い。一つ一つにこだわる。角ばる。対決する心。これが明智光秀や石田三成を連想しやすい。出てきたことを包む。明るく楽しむ。自由自在の心で包む。それで将来の根強い運命をつくった人。これは関白秀吉や徳川家康を連想する。

8日　心はつねにやわらかく

人の一生の旅も平坦ではない。あすは何事が起こってくるかわからない。そのときなにがおきてもよい。まけないぞという肩のこる構え、闘《たたか》う構え、これでは心は固くなりすぎる。一生の長い旅路だ。疲れはてる。不向きな構えになる。心はつねにやわらかなねばりが大切である。

9日 運命の模様替え ①

常に勇んで生きる人に天の心が動く。天の心が変わって後に、天命も天の恵みも変えられるのである。粗末《そまつ》な汚れた今日の運命の着物を着せられていても、燃えるような勇んだ心の持ち主には明日の美しい着物と模様替えされる。人の運命の着物は親なる神にまかせねばならぬ。

10日 運命の模様替え ②

泣いても、わめいても自分の運命は自分で頂かねばならない。逃れる道はない、明るいお礼心で迎え勇ましく働いて、模様替えの始まるまでつとめきるより他はない。

11日　二つで一つ

相反するものが二つ合わせて一つとなる。そこに夫婦が成り立っています。夫婦とは互いに相反するものであると思います。性質が全く反対で似てない――それが夫婦の姿ではないでしょうか。男は水、女は火。火と水とは全く相反する二つであります。しかし、姿は二つであるけれども、火と水とが合わせて一つになるとき、別の大きな活動力となります。夫婦もまた、そうであって、火と水、白と黒とがより合いながら、一つの使命に生かされていることをまず悟りたいと思います。

12日　似たもの夫婦

似たもの夫婦――とは、性質の似た者同士という意味ではありません。その夫の値打ちと妻の値打ちとが似合っているということではありますまいか。価値の釣り合ったものが一つに組み合されているということであります。どちらも同じような値打ちで徳分が似ている。釣り合っているということだと私は思っています。

13日 幸福を支える四本柱 ①

この世で一番不幸なもの、それは若死である。若くていのちがなくなることである。われわれは毎日生きている。今ここに現に生きている。だから一番幸福ものだともいえる。幸福を支える第一の柱はいのちである。

幸福を支える第二の柱は力である。生きて行くためには力がいる。障害物の多い人生である。力が乏しかったら生きることがむずかしい。体力、腕力、学力、智力、財力、権力、いろいろな力がいる。力を沢山持っているほど生きるのは楽だと考えられる。

たしかに力が乏しかったら苦しい。しかし、いくら力があっても自由自在のめぐみを失ったら、無力と同じである。自由自在の許しは徳ともいえる。力を持っていなくても、徳があったら不自由はしない。

14日 幸福を支える四本柱 ②

銀行につとめている人は金を沢山取り扱う。預かっている金、それはちっともうれしくはない。それは自由に使ってよい金ではないからである。預かった百万円より月給に貰《もら》った三万円が正味である。だから幸福を支える第三の柱は徳分である。

幸福の第四の柱は平和である。地位は高く、金もうなるほどもっている。しかし一家が不和である。嫁《よめ》と姑《しゅうとめ》の折り合いがわるい。不良の子をもって父母の意見が対立する。兄弟が不和で争いがたえない。世の中にはこんな家庭が沢山ある。

何はなくとも助け合う、いたわり合う、親切をつくし合う。そこに幸福な家庭が生まれる。

15日 内にわく力

他人の花は美しくみえるもの、羨《うらや》ましく思えるものである。持たないもの、足りないもの、これを嘆《なげ》いてはならない。しかし外形的の宝には限りがある。取りつくせばなくなる。使えば減る。

取りつくせない宝。使っても減らない宝。使うほどに増えて行く宝は、内にわく力である。知力。能力。精神力。耐久力。徳分。これは使っても減らない。使うほど増えてゆく。みがくほど光るものである。

16日 人間道の修業

人間とは「人と人との間を大切にするところに人としての尊さがある」と教えられたことがあります。自分の気に入らないことがあっても、損になっても、人に対する道を破ってはならない。人と人との間を大切にする。これが人間の人間たるところです。「人間道」とはこの縁をつなぎ、道を守り、自分をささげてゆくことであると思います。人間道の修業。人間道の名人。人生の達人になる。この「人生道場」に入っているのが、我々人間であります。これは容易な修業ではありません。汗と涙に満たされたものと思って下さい。

17日 骨惜しみしない

自分の心は自分ではつくれない。自分で出来るのは徳をつむことである。他人をよろこばすことである。そのためには自分は骨惜しみはしないこと、出し惜しまず、なまけず、けちにならぬことである。

18日 つとめきる

つとめきるものに悔いなし。かせぐに追いつく貧乏なし。骨惜しまずに親切をつくす。出し惜しまずに御縁を大切にする生き方ほど安心な生き方はない。

19日 胸つき八丁

もう行けない。これ以上は駄目だと思う。それが峠《とうげ》である。そこでくだけてはならない。無意識になってもよい。無意識のまま前進すべし。やがて下り坂となる。胸つき八丁ということがある。いよいよ峠だという直前が本当に苦しい。これをのり越えたら、そこに大きな自信と捨身の勇気がわいてくる。

20日 心の糧

心を育てる、心に光を与える。いつも若やいだ心を保つ。そのためには心の糧《かて》がいる。どれほど光と力と熱にみちた魂の人でも、心の糧を忘れたら魂はやつれる。天下の横綱も一週間肉体の糧をとらなかったら力がぬけてゆくのと同じである。（中略）

心の力がぬけてくれば苛立《いらだ》ってくる、暗くなる、苛立てば運命が波立ってくる。

運命が波立てば小石にも等しい事件や不幸にもつまずいて倒れることがある。一生をあやまることもある。

21日 心の消化不良

話を聞いたり本を読んだりする、読んだもの聞いたものは鮮やかに忘れてよい。聞いたことや読んだこととは全く別な心の光と力が生れたらよいのである。

人間が出来る。心が育つ。人柄がよくなる、これが読む、聞く、つとめることの目標ではないだろうか。

どんなに糧をとっても消化が大切である。消化不良は食うだけ害になる。心の糧も消化がいる。聖賢の教えを知るだけでは単なる物知りに過ぎない。頭の人になる。頭のよい人より心の豊かな人でありたい。

消化には運動がいる。心の糧をとっても、日々の生活に真実の実行が伴わねば、心の消化不良になるのではあるまいか。

22日 分泌物のストライキ

不愉快、怒り、不満、うらみ、もだえ、不安、わずらいがあったら、内臓の働きに必要な一切の大切な分泌物《ぶんぴつぶつ》に、自律神経がストップを命じる。その結果分泌物のストライキが起こる。

23日 血を清める

心に光をつける。その光とは感謝の心。有難さにもえる心。もったいなさに涙ぐむ心。生き生きした心。おどりたい心。うたいたい心。これが心に光をつけた陽気な性格である。自律神経をよろこばせる心である。血を清める最高の条件である。

食べもので、いくら立派な血を、清い血を造っても、つめたいトゲトゲしい不機嫌、先案じでクヨクヨした狭《せま》い心では心の光をふき消す。心を暗くする。

24日 信仰を生む道

世に処して現われて来る出来事一切の中に己を見つめる。相ふれ合う人の中に本当の己を知る。これが本当の信仰を生む道ではあるまいか。自分の心、魂、不徳、ゆがみを映しているのが自分の顔である。顔は鏡である。

25日 悩みは転機

空腹になるということは、美味に近づく一歩である。悩みは悟りに近づく道である。人生の転機である。人間の信仰心の生まれる時である。不幸に投げこまれて、絶望の闇にあるときが大切である。

26日 油断なき精進

幸せな人、不幸な人、色とりどりの世の中である。幸せになりたい。たのしく生きたい。これは誰でも願っている。その願い通りになる人は少ない。

運のよい人がある。トントン拍子《びょうし》に伸びる。だから運がよくなりたいと思う。これも願っている。しかし実際は、不運に泣く人があまりに多い。願っても幸運にはなれない。だから絶望する。やけにもなる。また、運は天にありとあきらめる人もある。

運は天にはない。自分にある。幸せも不幸も、種は自分がまく。自分で育てあげたものである。だから、幸運も自分が種をまく。育てる。これより他に道はない。

野菜をつくる。育て上げる。育てた人のものになる。育てるには苦心がいる。努力がいる。油断したら虫にやられる。水が切れて枯れる。肥えも快適に与えねばならない。すべて育ててこそものは育つ。人間のよい運命も育てるほかはない。それには努力がいる。工夫がいる。油断なき精進がいる。

27日　経　験

案内されて行ったり、自動車でつれて行かれたり、とかく楽に通った道は忘れやすいものである。ところが、迷って苦しみ、さんざん尋ねてやっとたどりついたら、その道はなかなか忘れない。そのように、何事も身にしみて経験したことはなかなか忘れないものである。

28日　毎日が試験の場

毎日は人生の試験場です。この世の旅で、私たちはいろいろな心を使います。私たちの生き方、働き方、つとめ方が人生の試験の答案を書いていることになります。どんな明暗の運命も自分が主体です。だから、毎日商売を通していかに他人をよろこばせるか、他人の生きる上に便利を与えるか、これが全部あなたのよろこび生きる道になるのです。けっして商売敵、競争相手から滅せられるものではありません。自分自身のわがまま、ぜいたく、不勉強が自分の不運の種となって、やがては自分を押しつぶすのです。

29日 縁だけがある

幸も不幸も、病みわずらいも、もったいないめぐみも、すべて先方から歩いて来るのではない。いつでも自分の方から歩みよっているのである。そこに行く道を縁という。祈っても、願っても歩みよりはない。縁だけがある。

30日 男らしい仕事

男らしい仕事とは何でも男らしい心でやるということである。どんないやな仕事、つまらない仕事でも、サッパリした心でキビキビとやり得る心。これが男らしさである。愚痴《ぐち》をいわない。溜息《ためいき》をつかない。義を守り道に副《そ》って男らしく進む。現在の仕事に全力をつくして心安らかな人間になる。これが男らしい心の生き方である。

7月

養護施設中心学園の子供たち。中段右端が常岡先生、中央が奥様

1日 小さな花の教え

アルプスの山にさく小さい花を見つめても教えられた。この花、この草は毎年咲いている。誰も見てくれない山中で咲いている。一年の大半、長い間雪の中に包まれている。しかも冷え果ててもせず春をまつ。夏のはじめに雪がとける。太陽の光に照らされる。その光をうけておどり立つ。そのよろこびがこの小さい名もない草花にあらわれている。暗さの中にあって光の尊さを知る。長い耐乏《たいぼう》の中に天地の大愛がわかる。清い、心おどるものを感じる。富に迷い、名声に囚《とら》われる人間よりもはるかに尊い。

2日 めぐみで満たされた世界

この土地を耕せ。スイカの種をまけ。肥料をやれ。そうすれば夏の暑い日にうまいスイカが食べられるよ。こう教えることは出来る。

教えることと学ぶこと。これはまことにたやすい。実行しなければ芽も出ない。花も実も出来ない。うまいスイカは一つもならない。自ら全力、全身、全心をしぼり出してつとめただけ。まさしく、芽生えも繁栄もよろこびも恵まれる。

天地自然のめぐみで満たされているこの世である。然《しか》し出しきる外にめぐみはもらえない。

3日　飛躍の条件

思いきり縮まらなければ一大飛躍は出来ない。損をいとわず、生命を惜しまず、じっと苦難の重荷をひきうけて、天のみぞ知る日を通った人でないと、明るい運命は用意されないのではないだろうか。

4日　運命を健康にする

何といっても運命は自分自身の心の姿である。魂のねうちを表わすものである。自分を正すこと以外に運命強化の道はない。それではどう正すか。これには千差万別の工夫がいる。運命を健康にする。これは心のあり方を正し、清めること。そうして心にゆとりと光をつくり出すことである。そこに心の健康、魂の健康、精神の健康が必要になって来る。これが運命の切替えを生む道である。魂の内容に一大変化を与える道は、自分の今の生き方、考え方を正す以外にはない。

5日　運命の分かれ道　①

一寸《ちょっと》の暇があれば怠《なま》ける。遊ぶことを考える人がある。その逆に、一寸の暇があればすべき仕事を見つける人もある。働くことを楽しむ。その両者のその日、その日には大差はない。

左へ一歩出る。右に一歩出る。その差は僅《わず》か一歩か二歩である。然《しか》し積み重ねたら左右の開きは大きくなる。

どんな人でも生まれた時は赤ちゃん。一日一日育つのはよく分からぬ。然し二十年経てば立派な成人式をやって貰《もら》う。（中略）積み重ねの尊さである。

6日　運命の分かれ道　②

一日の中の一寸した時間がある。その使い方が大切である。暇があれば遊びたい。遊んでいたら金に困った。サラ金で簡単に金が借りられる。これで一儲《ひともう》けして返そう。と思って深入りする。初めは僅かな遊び心。それが行き過ぎて詰まる。（中略）一生を悪業で塗《ぬ》りつぶす人にもなる。初めは一歩の差である。軽く考えてはならぬ。

その逆に良い習慣、良い癖《くせ》。それが自分の本質になったら明るい心。頼もしい心を生む。そこに人の幸せが生まれる。人生明暗の差は僅かな一歩の積み重ねから分かれて来る。

7日 三つ児の心

人間はいつも、どんな場合に臨んでも、三つ児のような心でいればよいのだ。三つ児の心はいつでも機嫌がよい、自分の側に機嫌の悪い人がいても、それが少しも気にならない。自分一人が周囲にかかわりなく機嫌がよい、むずかしい顔をした人々も、その無邪気さにうたれて、いつの間にか気持ちが明るくなる。

自分一人の機嫌さえとりかねる人間が、人の機嫌をとる資格があるだろうか、こう思う私は、自分自身の機嫌をとることに一生懸命になる。

人の機嫌までかまってはいられない。私は三つ児のような無邪気さと明るさを持っていれば、機嫌はとらないでも相手の機嫌はなおる。

8日 伸びるものはやわらかい

育つもの。伸びるもの。生命おどるもの。それは常にやわらかさを失ってはならぬ。固まったら伸びない。我執《がしゅう》は人間を堅くする。偏狭《へんきょう》は人間の明るさを失わせる。草や木も、やわらかな間にのびる。やさしい新芽から伸びる。堅くなったら伸びることが止まる。人の心もそうである。

9日 おだやかな徳望の人

植木のしん芽を見ればやさしい。力なく見える。やわらかい。やさしい。このしん芽はただ天空を慕《した》って伸びている。芽のやわらかい時にその木は伸びる。この芽の周囲には強い堅い丈夫な枝が繁《しげ》っている。守っている。その木を伸ばしている。

多くの人を働かせる中心人物は、将となる人物は、常に生き生きしていなければならぬ。悦びと感謝と、やまない活動力を貯えて、表面はおだやかな徳望《とくぼう》の人でなければならぬと思う。

10日 どたんばの力

人間はどたんばになれば不思議な力がわく。「窮《きゅう》すれば通《つう》ず」といわれている。窮して八方ふさがれば、そこに不思議な悟りが開く。ふとすばらしい考えも浮かぶ。この意味で、どたんばは尊い悟りの親である。難局打開の師匠でもある。安逸《あんいつ》は人間を退化させる。

11日 どたんばを超える

日々につとめぬく心なくして、好運の表れは望めない。迫ったどたんばを超える力は、日頃の修徳《しゅうとく》にあると信じる。不徳とわがままとぜいたくは、その人を暗い底に引き込む。徳をつみ上げた努力の後にくるどたんばは、一つの節となって輝くものである。

12日 大事業成功の秘訣

大事業は沢山の人の協力がなければ出来ない。独りでいくらりきんでも一人の力はたかが知れている。多くの人、多くの物や金が加勢してくれる。そこに大事業が成り立つ。

しかし人や物が自由に集まるためには徳分がいる。人徳のある人は、多くの人を集める。自由に使う。徳がなくなったら人は去る。集まっても自由に使えない。だから徳の高い人、徳分豊かな人になることが先決問題である。

13日 将の心がけ

北条時宗《ときむね》は蒙古《もうこ》の大軍を迎えて立った。十万の大軍九州を攻めている時、この国をあげての大決戦の日に、自分は九州へ下っていない。心の道を求めて常に参禅していたとのことである。兵に将たるはやすいが、将に将たるは智や力ではいかぬ。自らの心を大自然の心に合わせて、つねに固くならぬよう、きげんよく、勇ましく、たのしく、道を歩く心でなければならぬとしみじみ思った。

14日　徳川家康の余徳

限りある人間の力でそれ以上のことをなしとげるには、そこに人間的徳分の内容が積まれていなければならない。だから、世に出ることを急ぐより、自らの徳分を増し、自己をみがくことに全力をつくすべきだと思う。徳川家康の少年時代の人質としての苦労、父親の不運と不遇の中にも築かれていた余徳。これが大成した根底であると思う。いかに戦いがうまくても、腕力が強くても、金力があっても、それだけでは大成しない。なんといっても人間が出来ていること、徳が充ちあふれていることである。ここに天運の守りをよろこぶ条件がある。

15日　無色透明

無色透明、太陽の光、しかし、これは無色ではない。七つの光、七つの光線、これが一つにまとめられて出来た無色である。どの色が勝ってもいない。七色全部が、自らの色を消して無色をつくっている。

七人の人が一致団結して一つの仕事にあたる。その場合どの人の色も出さない。そうして互いに自らの責任を充分にもつ。義務を果たす。しかも、自分が支配者になろうとする野心も持たない。ひたすらに一つの目的にとけ込む。この姿は素晴らしい活動を生み、創造力を生み出す。ちょうど太陽の光に万物が生まれ育つに似ている。

16日 中心の確立

何でも中心がある。からだの中心が定まらぬ時、人はよろめく。よろめいて中心を取りもどそうとする。前後・左右の平均をとろうとする。これが自然の本能である。

中心をとり戻したら正しく立ち直れる。楽に立てる。中心をとり損なったら倒れる。倒れた姿が病人の状態。よろめく姿が不自然の姿。押されても、突かれても動じない。これが健康な姿。中心確立の姿である。健康の第一条件は中心を確立することである。

17日 中心に添う生き方

中心に添う生き方は自分をなくすることである。自分を無にする。空にする。この自分を無にする修業は先方に合わせる。先方のいうことをわかってあげる。相手のすることになるほどとうなずく勉強である。

こんな人、こんな事に出会う自分の運命を反省すること。そうしてこんな人、こんな事に組み合わされた天命を知ること。その天命に合わせること。すべて相手に合わせる。より添って相手を生かす。この生き方である。これが中心を守る生き方だと思う。

18日　幸せの源

テレビは有り難い。しかしそれは目があるからである。ラジオの有り難さは耳があるからである。美しい花、たのしい鳥の声。それをたのしむのは目や耳である。先方にのみ有り難さがあるのではない。自分自身の中にそれを味わう力が必要である。人の世の幸せもそうである。自分自身の心のよさ、性質のよさ、それが幸せの源である。これを身につけている人こそ、この世の宝をもっている人である。

19日　不幸の源

不幸の源はうらみである。八つ当りである。わがままである。残酷《ざんこく》である。身を滅ぼす不幸、不運の根元は、自分の心の狂いである。乱れである。荒立ちである。心を豊かに保とう。

20日 天命をたのしむ心

人間は自分に都合によいことが起これば、神様のおめぐみと謝する。しかし、一たび自分に都合の悪いことが現れると、人をのろい、天をうらむ。わがままなことである。これは根を切り、枝をいためることになる。それはよい花や実を結ぶ運命にはならない。どんなことも妥協《だきょう》せよというのではない。組み合わされた天命をよく見つめて、天命をたのしむ心を育てなければならない。そこに求めずとも明るい次の運命は開かれるものと信じる。

21日 「放し」の上手な人

人にものを相談する。そこにわかりの早い人がある。そんな人はあまり自己の都合に囚《とら》われない人である。相手の話すことにとけ込んで行く。こんな人が多くの人の心を結びつける人である。世の団結の台になる人である。常に周囲の人に明るさを与えてゆく人である。人の心に感謝と感激を呼び起こす人である。それは自我を放しきった没我《ぼつが》の至人である。社会が混乱している時、非常時の折《おり》、この「放し」の上手な人が大切なのである。

22日 すべて心がけ

人間の待遇、置かれる場所、呼ばれる名前、それをきめる大きい条件は、その人の心がけの否、能力の適、不適、教養の良否、これできまる場合が多い。その配置や呼び名をきめる最大の力の一つが運命であると思う。

人はよい運命を願う。しかし、自分の内容をみがき、内容を高く尊くする努力を忘れている人が多い。

一般的の実例は沢山ある。その一つを考えてみてもわかる。

非常に明るい心、生き生きした親切な人が他人から慕《した》われ、信頼され、大切にされている。にぎやかな運命に包まれている人となる。また、不親切で、不機嫌で、利己的な人は、寂《さび》しい孤独の運命になっている。

23日 宇宙秩序の大法

上に枝葉が伸びる。繁《しげ》る。栄える。これは下に、大地に、暗がりの中に根が拡がっているからである。その充分の拡がりがなければ、枝葉の繁りは許してもらえない。対立と調和。これが宇宙秩序の大法である。

24日 宇宙と人生

特急列車に乗って走ればその速さに驚く。しかし人は地球上に住みながら地球の速さに気づかない。一時間に二十里の特急の速さを感じながら、一時間千里の地球の速さを感じていない。人が感じなくても地球は走る。人が知らなくても、天体は動く。非常な速度で狂いなく動いている。地球の回転も四季の運行も、一分一秒の狂いもない。正しく行われている。これがこの世界である。宇宙である。わが人生である。

25日「しっかり」と「うっかり」

人はしっかり守られて、うっかり生まれた。だから人の一生は、うっかりとしっかりとを見事に調和させるべきではあるまいか。またこれを調和させることこそ、正しい生き方である。

昼はしっかり働く。夜はうっかり眠る。夜中までしっかりしていたら、朝になって、ついうっかりすることがある。全部しっかりする必要はない。半分はしっかり、半分はうっかりする。これが人生の正しい生き方である。

26日 雑事を忘れる

雑事を忘れなかったら、大切なことがはいらない。尊いことまで忘れてしまう。だから、あまりくだらないことは早く忘れた方がいい。頭の中は常にさわやかに、ゆとりを持つべきである。

27日 心のよい人になる ①

よくだまされる人がある。それは頭の悪い人か、心がよすぎる人か、欲に目がくらんだ人に多い。だます方の人は頭がよい。しかし心は悪い。人間として頭と心の平均がとれていない。だから時々自然の戒《いまし》めをうける。八分くらい出来上がったらひっくりかえる。思わぬ手違いで倒れる。不時の出来事でころがる。

目の前の欲に迷う。だから正しい判断力がくもる。せっかくよい頭であるのに色眼鏡で見る。そこで悪い人まで信用する。裏切られてから驚く。自分の不徳をいやというほど見せつけられる。頭のよい割合に心ができていない人である。欲張りの反省、不徳の反省が必要であったのであろう。

たとえだまされても悟れば明るい。これでまた一つの災難がすんだ。不明のおわびが出来た。不運の根が掘り去られたのだ。こうよろこぶ心がわく。こんな心境が次の運命を明るく開く。

28日 心のよい人になる　②

幸せを願うなら、何より第一に本当によい心になることである。よい悟りの出来る人になることとである。頭のよいだけの人は、仕事はなかなか出来る。しかし天運の守りが少ない。心のよい人は、やることはおそいかも知れない。しかし人間がお目出度い。だから計算に入れていないお目出度も現われてくる。

何でも有難がる。ちょっとした恩も大きく感じ、深く謝する。よろこんで恩報じをする。こんな人は、運命の根が非常に深く広がっていると思う。

29日 すなおな生き方

神のからだ、これがこの世の姿であり、神の心が真理であります。だから、われわれは自分の信念を強めることよりも、真理にすなおになること。

真理がよめるように心魂《しんこん》をみがくこと。悟った理をあくまで見失わずに実行してみること。

その実行の結果を心の中に深い体験としてつみ重ねて行くこと。

一つの真理から次の真理をたぐり出すこと。これがすなおな生き方であって、固陋《ころう》な信念に邪魔《じゃま》されて、勉強も工夫も研究もおこたることが一番危ない。

30日 光こそ縁である

自分と他人は対立のはじめ、その自分はもともと生まれた時は何も知らず何も願わず、何も計らずに、気が付いたときは、親子、兄弟、姉妹の縁の中に生かされている。相対立するすべての人の心に光を付け、その光の反射で自分もたのしく生きていける。縁はすべて自分が持って歩いている。眠っているときは、何があっても何も見えない。光の中で目があいてこそ、何でも見える。光こそ縁である。

31日 真理の海

世界は広い。自分の目のとどく部分は、九牛の一毛にも及ばない。宇宙は広い。人間の歴史は幾億年過ぎている。それにくらべて、われわれの一生は、またたきの短さに当たる。宇宙は真理の海である。無限の理で包まれている。運命のこと一つでも、わからぬことが多い。しかし、いかに人間にわからないことでも、一切は整然とした理に貫かれていることを信じる。だから、たゆまず真理追求の感激をもやしつづけたいと思う。

8月

御縁
尊し

1日 上を向いて歩こう

上を向いて歩こう。あの歌はたのしい生き方を教えている。下を向いて歩く。うつむいて歩く。それはなやみの姿にもなる。暗い心の表れともなる。

2日 悪運を拾う

下を向いて歩いた。そのおかげで百万円拾った。下をむくのも好運にありつくという人があった。それは百万円を拾ったのである。幸運を拾ったのではない。悪運を拾ったのである。百万円おとした人があったから拾ったのである。おとした人は、アッ、百万円おとした。運が悪かったと暗い心になっただろう。その人の悪運がおちたのである。それを拾ったのである。いわば他人の悪運を拾ったわけである。拾った後は運命の下り坂になりやすいのは当然である。

3日　偏見の犠牲

神の教えだ、仏様の教えだと自分の信仰を信じるのはいいが、単なる自惚《うぬぼ》れは危ない。要は、神仏からよろこんで貰《もら》えるほど心が育っているかどうかである。宇宙は無限の真理で組み立てられている。限りないめぐみの海である。狭《せま》い利己主義の目ではみえない。偏見《へんけん》の犠牲《ぎせい》にされないように注意しなければならない。

4日　たのむより育つこと

神仏のめぐみは拝むことからは生まれない。たのむことからはわかない。育つことである。真理のわかるほど絶えず勉強することである。勉強して道理がわかること、これより他にすばらしい神のめぐみは頂けない。たのむより育つことである。真理がわかってそれを守れば、そこにはいくらでも幸せは準備されている。

5日 天のめぐみの姿

我々は空気が必要と思ったわけではない。鼻の穴をあけることも考えなかった。だが必要だから与えられる。肺を与える。血を清める。そのために心臓を与える。食べさせる。のませる。その必要で胃腸を与える。すべて親心の行き届いためぐみの姿を感ずる。

6日 天からきた手紙

必要なものを与える親、それなら人間に病気が必要なのであろうか。災難が必要だから与えられたのであろうか。しかし必要のないものは与えられるわけがない。その人の考え方、生き方、心のあり方、使い方に不自然な点が出来た。危ない。教えてやらねばならぬ。この必要がある。だから病や災難が与えられる。不自然な脱線、愚《おろ》かなわがまま、もう許すことは出来ないと、教えて下さる。天からきた手紙、これが病気、災難である。

7日　無病息災の道

いやな借金のさいそくの手紙、その手紙をいくら破っても、必要な間は下さる。破るよりも自分を知る。借金を払う。もう手紙をやる必要のない人間になることである。借金のある間は請求の手紙はくる。いやでもくる。借金を済ませば手紙は来なくなる。病気、災難を嫌うより、自ら育つべし。鍛うべし。磨くべし。病気を与えられる必要のない人間になるまで育つべし。無病息災の道。幸せな人生は誰でも自分のものになる。

8日　悟りに徹する

われわれの一生にはいろんな運命の日がある。今、生命をとられるような運命に迫られることもある。病の床に死を見つめて臥《が》す時もある。しかし現われてくるすべては天命のままである。天の与えである。その運命を与えた神の心を読めたらなるほどとうなずける。なるほどとうなずけるほど悟りに徹していたら、死の前に立っても心は安らかであろう。危機の病床にも亦《また》心やすく眠れるであろう。

9日 心中を思いやる

世の中には、ずいぶん乱暴を働く人がある。狂乱荒れ狂う人でも、なぜそんなに怒っているのか——と、その切実な胸の中を聞いてやる。そうして、深い同情と理解とを与えてやったら大抵は静かに治まる。わが胸の中がわかってもらえばニッコリする。胸の中がわかってもらえないことほど、じれったいことはない。

10日 自分に克つ訓練

勝負には常に相手がいる。独り相撲《ずもう》はとれない。相手なしではけいこも出来ない。勝負は決まらない。人はまず自己を相手に自分に克つ訓練をつみ上げねばならない。自分の中に不敗の構えをつくること、これが勝利への第一歩である。

11日 ゆり戻しの世界

骨折り損のくたびれもうけとこぼす人もある。また、棚からぼたもちだ、夢ではないかと疑うほどもうける人もある。

しかし、もうけた、損したというのはその場限りのことである。一時の姿である。この世はゆり戻しの世である。大自然は一切の平均をとるために常にゆり戻す。何でもゆり戻しがある。ぼろもうけは高く飛び上がった姿である。きっと落ちてくる。これは危ない。

12日 不徳な財産

すばらしい家を建てた。豪華《ごうか》な茶室もつくった。庭もすばらしい。これで余生がたのしめる。こういっていた人が、その普請《ふしん》の出来上がらないうちに脳溢血《のういっけつ》で死んだ。あとに残った子供たちが財産争いをした。金故《ゆえ》に敵のようになった。金や財産だけが幸福の基ではない。あるための悲劇である場合も多い。何か不徳な財産であろう。吸い過ぎのゆり戻しかも知れない。かき集めたものはゆり戻される。

13日 太陽は健康の手本

幾百億年働きつづける。しかもちっとも疲れない。少しも古くならない。今も新しい。これは太陽である。そうして天地を貫く真理である。地球や月や星の運行である。これこそ健康のお手本である。

14日 水はいのちの元

美しい花。目のさめる緑の草、すべては水がささえている。水は自分の姿を消してすべてのいのちの元になっている。広い心。すなおな性格の尊さを学ぶ。

15日 ある　有る　在る

光も水も空気も。全く限りなくある。この世に幸せもある。不幸もある。よろこびもある。悲しみもある。生も死もある。いまさら人間がつくらなくてもいくらでもある。有る。在る。存在する。その中で何と何が自分とつながっているか。ご縁。これが自分にとって一番大切なことになる。

16日 空腹と高徳

ご馳走《ちそう》を見てよろこぶ。これは健康な人なら誰でも出来る。ところが麦飯と漬物だけとか、玄米とゴマ塩の生活。これをにっこり笑ってたのしく食べる。これはよほど心の出来た人である。さもなくばすばらしく空腹の人である。

こう思うと空腹の人と徳の高い人格者とは、同じ高さに立っていることになる。満腹の人にはまずいものに向かっておどり立つほどのよろこびは湧いて来ない。

17日 道徳なき国の姿

戦争にまけた後の日本。日本を占領したる国の方針は日本人が強くならぬこと。再び強国にならぬようにしておくことであったらしい。これは勝った国としては無理はないことかも知れぬ。然《しか》しその方針に丸のみされたら愚《おろ》かなことになる。その占領軍の方針の一つが道徳教育を日本の子供の教育から取り去ることであった。だから無法者や無気力な子供に泣く親が多くなったのではあるまいか。

18日 相手に求めるな

変化がいる。刺激がいる。生き甲斐《がい》がいる。こう願うのはいい。しかしそれを相手に求めていると、当てがはずれやすい。こんなはずではなかったのにと不満もわく。だから自分自らをみがく。つくりかえる。それによって生き甲斐をつくる。それを心掛ける人は賢明である。

19日 ひまに注意

昔は月に二回くらいのお休み。一日と十五日。今は毎週一回。近頃は土、日の二日、休みが多くなった。人間は働かないで、ひまが出来たらよくない。飲み食いに時や金を費やす。絞り出さないで、とり込む。過保護で守られる。甘えて無気力、ノイローゼ。これが当然の進む道である。

20日 人生勝利の基本

世に勝つ前に自分に克て。これは人生勝利の基本である。小人閑居《しょうじんかんきょ》して不善《ふぜん》をなす。ひまがいけない。悪いくせ、悪い遊び、悪い道に迷いこむのは怠《なま》けと、ひまに包まれて自らをくもらせるからである。人間が賢明であるなら、自分の責任を大切に果たすことに心をこめるはずである。今日の自分が将来の自分の一切の基本であるからである。まいた種の通りにしか芽生えも、花も、実も出来ない。

21日 仕事は心の安定剤 ①

くさりやすい心、破れやすい心のかん詰は「仕事」である。仕事を忙しく果してゆく。すましてゆく。その間に心は次第に澄んでくる。何か心配事や気にかかることが起こると、寝込んでしまう人がある。ジッと考えこんで辛抱《しんぼう》する人もある。何も手がつかなくなって呆然《ぼうぜん》とする人もある。破れかぶれで酒をのむ人もある。寝込んだり、イライラしたり、ぼんやりしても事は少しも片付かない。心はますます不安でジリジリ腐《くさ》り始める。

22日 仕事は心の安定剤 ②

くさり始めるとき、ジッと堪忍《かんにん》したり我《が》慢《まん》したりする人がある。しかし堪忍の緒は切れやすい。私は我慢するより仕事をせよといいたい。（中略）はじめは、そんな事もする気になれないが、ともかくも頭のいらぬ仕事に手をつけるのである。それは腐りを防ぐ蓋《ふた》を手にとったことになる。やがて一つ一つ仕事をすまして行けば、しっかり蓋をしめることになる。不思議に蓋が合うようになると、心の不安も消え始める。別の確信がわいてくる。

23日　幸運をもらわない生き方

骨折らないでもうける。幸運にめぐまれることを願う。顧《かえり》みて恥ずかしい手段をとって立身する。自分の出世をほこる。これほどさもしい根性はない。

幸運はなるべく貰《もら》わない。積んで積んで積みっ放しにする。自らは重荷を負って苦しむ。油断なく努力精進をつづける。自らの能力をみがき、性格を鍛練《たんれん》する。ぜいたくと縁を切る。少しの金でも人のよろこびにささげる。報恩の心をもえ立たせる。何事にも真心をつくす。親切をつみ上げる。何も願わずただつくす。働く。こんな生き方の出来る人間になりたいものだと思う。

24日　心の力

小さいものでも重いとなげく人がある。それは病後の人に多い。ところが自分に力がついてくれば、なんでもないようになる。たいていのものは片手で持てる。たやすくさげて行けるようになる。同じものを重いといって顔をしかめる人と、軽いよといってにっこり笑う人とがある。これは自分の内に力があるかないかできまる。心に力がわけば、それくらいのものが何だ、軽い、持てということも出来る。心に力のない人は、少しの心配事でもうろうろしている。

25日 無形の道

人間はいかに生きるか。どこへ行くのか。何を第一にすべきか。すべて道がある。目に見える道、姿ある道、形ある道と形のない道がある。

語る。聞く。なるほどとうなずく。語り合う。人間同士の心が結ばれる。心と心が通う。考え方を理解し合う。これは目に見えない道である。

わけ、すじみち、真理、天理、こうしたものは姿がない。無形の道である。

文明国ほど道に金を惜しまない。立派な道をつくる。日本もすばらしい道が出来た。

高速道路、地下鉄、新幹線、全く夢のようである。形の道は立派になった。しかし豊かな明るい心の道、正しく強く生きるための道、これを確立せねばならぬ。

26日　金より頼りになるもの

これをやったらいくらもうかるかと、まず算盤《そろばん》をはじく人がある。たとえ世の中のためになっても、もうからないことはしないという人もある。こんな人は、もうけた金がたよりになると思うからである。たしかに金がたよりになる世の中である。しかし、金よりも大切なもの、たよりになるものがあることを忘れている。それはよい運命である。運が悪くなったら、どんな高い地位も巨億の富も役に立たない。不幸や災難は、地位や権力や、富に遠慮はしない。

27日　人生の旅に大切な宝

人生の旅に大切な宝は、金や物ではなく、報恩のよろこびと明るい感謝の心である。御恩に報いるためには、たとえ倒れるともなおありがとうという心の中から、かえって倒れない運命の姿は生まれるものである。道が立ち、身が立ってこそまた次の報恩奉仕の道に進めるのである。

28日 喜びの種を蒔く

力のほしい人は力を出す。汗をしぼって力仕事をする他はない。よい声のほしい人は、毎日声を出さねばならぬ。己から出たものが己に返ってくる。これがいつわりのない自然の法則である。明るさをほしいなら、人の心に明るさを与えねばならぬ。そのためにはまず自ら明るさを出そう。喜びの種をこの世の中に蒔《ま》きつけて行こう。

29日 苦難をうける心構え

渇《かわ》けるものは水をむさぼる。なやみぬく時、人は救いへの道をあがき求める。だから育つ。悟りへの道へ導かれる、要は苦難をうける心構えである。何でも来いと充分うけいれる心の構えが出来ているかどうか、これが大切である。勇んでかかればほこり散ると教えられている。

30日　一人分の責任

世界中の人が責任をもって自分の心を大切にする。自分の機嫌の悪くならないように努める。各々が一人分の責任をもつようにする。それが世界中を明るくし、この世に暗い、機嫌の悪い人が一人もいないようになる一番の近道ではないだろうか。

31日　工夫寛容が人を生かす

どんな人でも完全ではない。その人の欠点だけを拾えば、誰でも悪人になる。悪人でもその長所だけを見つめたら善人ともいえる。困った石、邪魔《じゃま》な木でも、配置をかえたら見事な庭の助けとなる。工夫寛容《くふうかんよう》が人を生かす。

9月

五十歳の時、長崎の永井隆博士を見舞って

1日 大空の心

一片《いっぺん》の雲もない空。一天澄みきった青空、身を大地になげ出し、横たわって仰ぎみる空。誰がのびやかな心にならぬものがあろうか。大空は人の心を限りなく伸ばす。大空は高らかに歌わせる力を持っている。

大空のごとき心の人は、差し向かう人の心を伸ばす。人に屈託《くったく》を与えない。人の心をのばすものはまた、天によって伸ばされる。大空の心こそ、伸びゆく人の心である。

2日 自由自在

大空は大きいカラと書いてある。まったく大空は大きいカラである。だから自由に飛行機もとべる。雲もわく。風もおこる。雨もふる。晴れたら大空には月も星も光りかがやく。自由自在が許されている。人間もそうである。

両手に何も持っていない。何でも放す。両手を空にする。その手はペンも持てる。タオルで顔もふける。開いた手なら何でも自由にやれる。自由自在は自分を放すことからはじまる。自分を空にすることは自分が消えることではない。よりよく自分を生かす許しをもらうことである。

3日 ささげきる

流れ行く水はくさらない。まわるコマは倒れない。心と身力も出しきる、親切な心を配りきる、親のため人のため世のためにつくしきる、ささげきる。そうすればからだには障《さわ》るかも知れない。からだには毒になるかも知れない。しかし、からだを作ってくださった神様の御心にはよく映るはずである。弱いからだながらよくやってくれる、ならぬ中をよくつとめてくれると神様はお喜びになるはずだ。

4日 勤勉の道

根を培《つちか》い、枝葉をいたわるように、人間は親を大切に、老人をいたわり、子弟をいつくしむ。そのためには自らはたゆみない勤勉の道を歩むようになりたいものだと思う。自らつくすことをたのしむ人は尊い。人につくせよと強制する姿はみにくい。

5日 心の中にある宝

人間と人間がいたわり合う。深く思いやる。これほど尊い宝はない。この温かさが心の傷を洗ってくれる。いかなる人もこの深い思いやりにふれて泣く。いのちもいらないと思うこともある。本当のこの世の宝は人間の心の中にある。心の中でいくらでも育てることが出来る。

6日 幸せの貯蓄

少食では死なない。食べ過ぎて死ぬ人は多い。働いてなにも要求の心を持たない。力も心も汗も出しきって爽快《そうかい》な心になる。清貧に安んじる。そんな人は幸せの貯蓄になる。だから心にゆとりがある。明るいほほ笑みがわいて来る。

7日　価値ある自己になる

一万人を支配することを願う人は多い。しかし、一万人の人から仰ぎみられる価値ある自己になることを心掛ける人は少ない。万人の親しみと尊敬を集め得るほどに自己をみがきあげること、自らの不備、不徳を強く反省することが、人生の基礎を固める道である。

8日　万人の心に光をなげる

いばらの道を自らきりぬけた人こそ、人の心にいばらを開く力を与える。一人が苦難のやみを破れば、万人の心に光をなげる。光の進むところ暗さは消える。尊い姿である。

人を救おうと考える必要はない。達人あればひとりでに人は救われるものではあるまいか。どの道でもよい。一意専念、修道に徹して、無限の確信の光を自らの心の奥にわき立たしめることが、人にして宝となるものではあるまいか。

9日 種を大切に ①

人間は易で一時的に困るぞ、苦しむぞ、なやむぞといわれてもよい。人の世のためになるか、正しい道を守っているかどうか、これを第一に判断すべきである。自己の成功は度外視して判断すべきである。結局、運命は自分のねうち通りが表われた結果である。われわれは常に因、種を大切にすべきである。自分自身の考え方、行為、心の持ち方が常に将来の種である。

10日 種を大切に ②

種がまいてなかったら芽生えない。いくら祈っても、たのんでも、一切はそらだのみとなる。これが公平無私の天地の道である。逆に、誠実、勤勉で自らの性格を鍛え、心をみがき、徳をつむ。その結果五年、十年、不遇で下積みでもよい。あわてて幸せをとらなくてもよい。来るものはまとめてでも下さる。

11日 良縁と悪縁

縁には良縁と悪縁がある。幸せとつながる道もある。不幸とつながる道もある。その縁をつくるのはすべて自分自身である。自分の考え方、生き方、心の持ち方、くせ、性分の良否。これが幸、不幸の分れる基本となっている。

12日 我執を捨てる

自分が常に持っているもの、放し難いものは自己である。自我である。利己心である。我執《がしゅう》である。己の顔を立てる。己の都合、己の立場、己の利益。自己に囚《とら》われる。なかなか自己を放し難い。この己の囚われを放せば軽くなる。心広くなる。そこに相手の言わんとすることがのみ込める。わかる。我執に囚われると心はせまい。だから、相手の気持ちがのみ込めない。従って訳のわからないことを言うようになるのである。

13日 本当の道楽

道楽という言葉がある。麻雀、パチンコ、競馬、釣りなどに自分を忘れてその道をたのしむ人がある。夢中でその道を求めている。

一歩一歩つとめる道すがら、そこに無限のたのしみがある。歩いている一歩一歩。つとめているその一つ一つ。生きているその一日一日。そのままがたのしい。それだけで十分である。それ以上は望まない。願わない。我々が道をたのしむ。これが本当の道楽の姿ではあるまいか。

14日 恵みを受ける条件

助けて下さいといってくる人がある。助けられているからこそ今も生きているのである。大自然の親切の中に包まれているのが自分である。その恵みが受けられないのではない。受ける条件を自分がつくっていないのである。

15日 地獄より恐ろしいもの

恐ろしいのは地獄ではない。自分の堕落《だらく》、無反省、自惚《うぬぼ》れである。

16日 汝自身を知れ

汝《なんじ》自身を知れ。知って自らの姿勢を正せ。心の持ち方を正しくすること、日々の生き方、暮し方を正しくすること、それが人間の育った姿である。人々の幸せは祈れ。無事を願え。しかし、自分自身の場合はそうではない。まず自らを知ること、反省すること、たゆまず努力、精進をすること。これ以外に神によろこんで貰《もら》える生き方はないと思う。

17日 綱渡り

自分は今、サーカスの綱渡《つなわた》りをしているのと同じだと考えた。通るに通れぬ狭《せま》い運命の道に立っている。高く張られた一本の綱を渡っているために、一歩あやまれば死を意味する。綱渡りは、からだの平均を保つことである。中心をつかむことである。中心をつかむときに平均と平和と安定が与えられる。一本の綱の上でさえ渡れるのである。中心をつかみ、中心を失わねば、身は守られるのである。没我の生活、身も心もささげきって自らを空にする生活、これが自然に守られる道である、私のこれからの行く道だ。

18日 姿なき力

地上一切のものに重さがある。だから上から下に落ちると思っている。姿なき力。地球の中心。その引力で抱きしめられてゆくのである。その力が見えない。だから見落としている。地上一切のものに安定と平和と落ちつきを与える。これが中心である。中心は目に見えない。然《しか》し必ずある。

19日 なるほど、そうか

人の姿は物質ではない。流れてやまぬ生命である。生命の敵は停滞である。病み伏《ふ》す身に、運命のくらがりに、一番恐ろしいことは心のよどみである。どうすれば道は拓けてくるのであろうか。

なるほど、そうか、頷《うなず》く。これがつづく時、疲れが出まい。わけがわからない時はからだが疲れる。人生は疲れなき生活をするために、われわれはなるほど、なるほどと頷くことが多くなる必要がある。きくもの、出合うことがら、何でもこの世に「なるほど」と頷ける意味がある。これをすぐ見つけ出せる心の育て方が常に大切なことだ。

20日 なるほどの心

なるほどと得心《とくしん》がゆけば、大切な生命も金も物も捧げる。手放す。これが人間の尊い一面である。淋《さび》しいこと、悲しいこと、苦しいことも、なるほどとはっきりうなずけば、艱難《かんなん》の中にでも飛びこんで行ける。心が悦びにあふれるときは、どんな苦痛も身にはさらにこたえない。これが、心の力によって立つ人間の尊さである。長期の苦難になればなるほど、この「なるほどの心」を育てることが大切である。

21日 人の生かし方

名将といわれる人々は、よく部下を使っている。どんな人でも、その人その人の能力にふさわしい生かし方をやっている。

人間は自分の思うように、好きなものばかりを与えられるものではない。どんな人にもそれぞれの特長がある。持分がある。その特長、持分を生かして行くところに配置の妙《みょう》がある。

クッベラ一つ忘れてもなかなか困る。爪《つま》楊枝《ようじ》がないために、不快でたまらないときもある。同じように尖《とが》っているからといっても、フォークでは爪楊枝のかわりにはならない。

生かし方、配置のしかたによって、物は生きてくる。人もまた配置が悪ければその人の天分を殺すことになる。

生かし方、配置の上手な人は苦労人である。心にゆとりをもつ人である。なんでも苦労する。経験をつみ重ねる、そうした結果出来上って来る明るさと、落ち着きをもった人格になりたいものである。

22日　馬鹿になれ

猛獣《もうじゅう》は他に安心と平和と喜びとを与えていない。不安と恐怖を与えている。それで自分の住む世界も狭《せま》くなっている。自分を守る強さ、利己主義の強さ、この強さが強くなるほど生きる道は狭くなる他はない。馬は弱い動物である。鹿はやさしい。馬と鹿と書いて馬鹿《ばか》とまでいわれている。父がよく馬鹿になれ阿呆《あほう》になれといったことが思い出された。

馬と鹿はどんな暮しをするか。馬は世界の隅々までその子孫は栄えている。鹿は奈良の都の静かな公園をゆったり歩いている。心広い世界に生きている。

馬は自分を守る力よりも人の世の役に立つ力を使う。他に喜びと安心と親しみとを与えている。当然の結果として自分の生かされる世界を広めている。生きることよりも相手を活かすこと、人の心を伸ばすこと、このことが許されて生きる道を広める。住む世界に広さを加えることになる。

23日 真心

限りなく湧く真心は、あふれて親孝行ともなり、友情ともなり、隣人愛ともなって、世をうるおす。冷たい我利我利の人は、真心の人とはいえない。純情な、生き生きとした没我の心、これが真心である。

24日 周囲を豊かにする人

常に低い豊かな心、親切な温かい心、明るい陽気な心で人に接する。子に対しては慈愛深い親となり、夫に対しては温かいすなおな妻となり、友人に対しては信義の厚い人となって、知らず知らずの間に、自分の周囲を豊かに、明るくすることの出来る人になりたいものである。

25日 渋柿の味わい

渋柿《しぶがき》の生かし方を知っているのが人間の賢明さである。困ったことだと顔を渋柿のようにしかめる人が多い。困ったことに出合わねばなやまない。苦しまない。しかし、なやみ、苦しみこそ、つぎの悟りの母体である。工夫、研究の第一歩にはいれる。そこから真理への道が開かれる。人間は常に人間として練成《れんせい》すること、育つこと、これがなにより大切なことと思う。こう考えたら、さあこい苦難よ、困ることよと迎える心の広さが生まれる。そこに人生を味わう資格ができる。

26日 災難の上塗り

災難に出会ってやけになる人、人をうらんで暗い心になる人、なにも手につかなくなる人がある。これは災難の上塗りを自分でしている人である。さあ一つ災難がすんだ。運命の伸びる道を塞《ふさ》いでいた迷惑な石が一つとれた。さっぱりした。しっかり勉強しよう。修養、反省の時間が出来てよかった。こう思う人は節から芽を出して繁《しげ》る人である。

27日 謙譲とわがまま

譲り合う。尊敬し合う。いたわり合う。これは人生の旅を楽しくする。無軌道《むきどう》のわがままは、自他を傷つける。破滅に通じる。

28日 求める努力

この世は真理の海である。一つ一つ悟ればすべてが心の滋養《じよう》になる。知識の宝をつかめる。しかし自ら求める努力をしない人、心の眼を聞こうとしない人には、暗い不明の海にもなる。

29日　芸術の偉大な力

見てほれ惚《ぼ》れする。血もおどる。これは芸術のもつ偉大な力である。なるほどとうなずいて心が晴れる。見て晴れる。聞いてよろこぶ。歌ってたのしむ。舞い、おどって時のたつのを忘れる。見て、聞いて、歌って、舞って、おどる。そこに人の心がたのしむ。くつろぐ。親しみ合う。これが生き甲斐《がい》のあるたのしさである。すべては心に訴えるからである。人はあくまで心が主体である。

30日　よい本を読む

よい本を読む。それは人間を気高くする。賢明にする。心にうるおいを持たせてくれる。吉川英治さんが文化勲章を受けられたとき、心からうれしかった。私は、有り難うございましたとはるかにお礼をいった。さっそくおよろこびの電報をうった。

幾十年感謝の渦はみのりけり
栄えある君の姿を仰ぐ

それは、われわれの心を常に美化し、滋《じ》味《み》豊かにしてもらったお礼であった。

10月

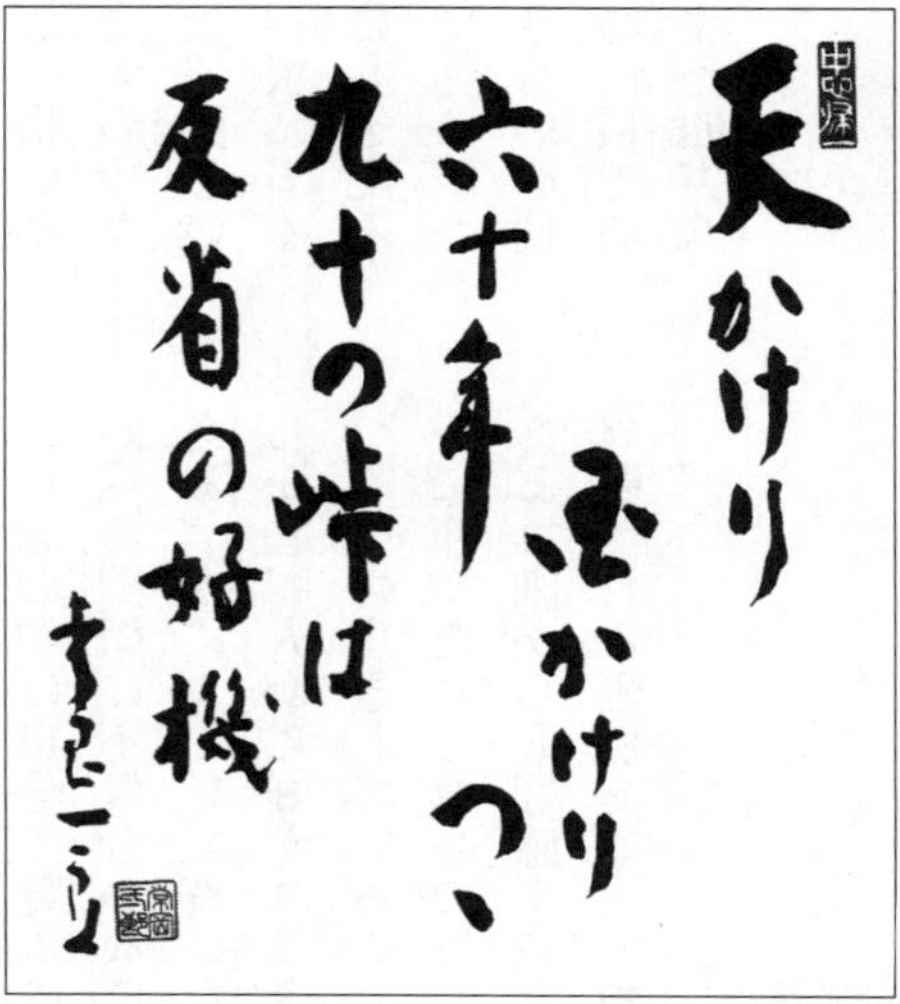

天かけり
国かけりつつ
六十年
九十の峠は
反省の好機

1日 白根の心配り

人間の心を心根ともいう。こころ根のやさしい人だという。また、根性のすわった人だともいう。根性というのは太く逞《たくま》しい根に当るのではあるまいか。白い根に当るのが心根ではあるまいか。四方に心を配る。その心はやわらかい白根のようである。キメの細かい親切をつくす人。やさしい心使いをする人がある。これは人間の白根である。白根の心配りをする人は、また四方八方から感謝される。

2日 顔

自分の顔は自分で見るのではない。他人が見る。顔に不似合いなほど化粧する人がある。人によく見て貰《もら》いたいからである。しかし、人から好かれる資格の第一は、いつも生き生きしていることである。にこやかにゆったりした心の持ち主であることである。誰からも好感を持たれるような人、尊敬される価値ある人でありたい。

3日 人のねうち

　ただ世渡りが上手で出世したり、学問のあるお陰《かげ》で出世している人間の中に、人としての心がけ、生き方に少しもねうちがない人があります。人のねうちは地位の上下によってきまるのではありません。一生貧しい農夫でも、学校の小使さんでも、先生でも、ひたすら捧げきって職場をよく守り、道を守り、魂を明るく落ちついてゆく人が尊いと思います。次第に人間としてのねうちをよくなす人であると思います。地位は低い。然《しか》し地位は包み紙のようなものです。いかに包み紙が立派でも内容が粗末《そまつ》なら何にもなりません。

4日 待ちのぞまれる人

　自分で自分の仕事をつまらないと思ったり、つまらなく見えたり、力がはいらぬような生き方は、尊い人の考え方ではない。どんなつまらない仕事にも全心力をこめて働く自分をつくることである。そんな人こそ八方から待ちのぞまれている人である。

5日 幸福を生み出す道

一時のごまかしで富むこともある。地位が高くなることもある。しかしごまかしは長く続かない。メッキはやがてはげてくる。天の理は整然としている。それなのに、人間は自らを反省し、自らをみつめる尊さに気づかない。

不幸を嫌って逃げ回れるものなら、誰しも逃げ回る。いかに逃げても、自分から自分は逃げ出せない。結局、幸福を生み出す道は、自分をみがく以外にはあり得ない。

6日 好運を引き寄せる力

売った途端《とたん》に高くなる。買った途端に安くなる。これでは失敗は当然である。財産も減るほかはない。しかし、そんな日があるかわりに、逆の日もくる。あせらず、騒《さわ》がず、日々に努力をたのしむ。何事も耐えしのぶ。その明るい落ち着いた心が、次の好運をひらくことにもなる。一年中吹いた嵐はない。嵐はきっとやむ。その時伸びるものは、嵐の中でも心丈夫に、明るく働きつとめた人である。とにかく、誠実と、明朗と、努力精進が、いかなる場合にも好運を引きよせる力である。

7日　それぞれの受け持ち

人間に出来ることで、大自然の神仏に出来ないことがある。一方には神仏なら出来るが、人間にはどうしても出来ないことがある。白いご飯を炊く。食べる。これは神仏には出来ない。人間がやらねばならぬ仕事である。白いご飯を食べる、かむ、のみ込む。これは人間の受け持ちである。ところが、それを赤い血にかえる。これは人間には出来ない。大自然だけが出来る受け持ちである。

弓に矢をつがえる、引きしぼる。これは人間の受け持ち。その矢をサッと放つ、矢がとんで行く。これは人間には出来ない。人間は矢の飛んで行く姿をじっと見ているだけである。人間と大自然、その受け持ちははっきり分けてある。人間が必死にやらねばならぬことは、自分の心をつくることである。明るい心、陽気な心、豊かな心、ゆとりある心である。それをつみ重ねてりっぱな徳高き魂をつくり上げることである。そこにつり合うだけの大自然の安らかな守りがはじまる。

8日 めぐみに感謝する

われわれは何も願わないのに、今日の生命を許されて生きている。手も、足も、頭も、体力も、知恵も、五感も、一切が自分のはからいもなしに恵まれてきたのである。私の心臓も八十年間一度も休まず、一分間の停滞もしない。無休で働いてくれる。一回の修繕《しゅうぜん》もしていない。八十年間使いっぱなしで修繕もせず、狂わず、こんな機械が世の中にあるだろうか。思えば有り難い自然のめぐみである。これを神のめぐみとして感謝せずにはいられない。

9日 わからないことは気にしない

明日は山に行こうか、海にしようか、それは自分で考える分野である。ところが、明日は雨か、それとも晴れるか。これはいくら考えても、明日にならねば本当のことはわからない。いくら考えてもわからぬことは気にしないことである。すっかりおまかせして、どちらになっても結構だと、度胸定めて心静かによく眠ることが大切である。

10日 心眼を開く

いやなもの、みにくいものを見まいと思って、それを取り去るよりも、自分の目を閉じさえすれば見ないですむ。人のことを見たり聞いたりして気をくさらせるのは、自分の心の澄まないためであることを思わねばならない。

11日 魂の下落

自分のまわりに汚れたものを見る。いやなことを聞く。それは自分が高貴でないからである。たましいが下落したからである。この場合、聞いたこと、見たことに腹を立てるより、自分を反省して清める。これが運命をよくする道である。

12日 光を身につける

宗祖、教祖として万人に仰がれる人も、浮浪者も、別に違いはない。目も口も手も足も同じ形の人間である。ただ魂の内容如何によって地位も待遇もかわっていくのである。

心の内容を清める、高める、磨く、豊かにする。これが幸福を望むものの第一に心がけるべきことではあるまいか。

人が自分を馬鹿にしたから、見くだしたから、粗末《そまつ》にしたから、といって腹をたてることはない。そんな時には自分の内容を反省して見るべきである。

運命が悪くなったからといって、災難にあったからといって、神を恨《うら》むことはない。自分につり合った運命なのだから。職場で認められなくても腐《くさ》ってはならない、明るい次の運命を望むなら、光と値打ちを身につけるほかはない。

13日 人生の波

音波、電波、波動、すべて拡がるものの道は波型である。人の一生も波に似ている。波は起伏《きふく》が本来の姿である。起伏を嫌ってはならない。もり上がるもよし、底に下がるもよし、何もかも有り難い勉強である。

14日 光を強くする

暗い光を消すことよりも、より明るい、強い光をつけることが大切である。明るい、強い光が生まれたら、暗い光はどうでもよくなる。電灯がついたら、ローソクの光はひとりでに消される。

15日 逆境で自分みがき ①

松茸《まつたけ》は美しい緑の葉からは生まれない。落ち葉から生まれる。落ち葉がくさる。くさった中から生まれる。あの落ち葉のくさりそのものにはよい香りはない。うまい味があるのではない。よい材料があるのではない。そのくさった中から出てくる香りと味が尊い。だから価値がある。人もまた気がくさるほどの逆境の中でよい人格の香りをつける人がある。まったく尊い人である。

16日 逆境で自分みがき ②

逆境はつねにいつでも自分の敵ではない。ときには恩師となって人生に尊いものを教えてくれることがある。心の親となって自分の本質を守り育ててくれる。不幸、病気、逆境は大成する人格を育てる落ち葉である。私は肺を病み倒れたとき、英雄、賢者、高僧の伝記を読みふけった。逆境に育った人々をしのんで心を強くした。尊い人間は逆境からぬけ出し香り高く幸せな道に出る。世の中の表面に躍《おど》り出てくる。これはあがき求めたからではない。逆境で自分をみがいたからである。

17日　欲を認め、欲に溺れず

人間はすべて社会の一員である。責任は重い。家族を組み立てる人間である。愛欲のとりこになってはいられない。欲を認めながら、尊びながら、なお溺《おぼ》れず狂わぬ人間性を向上させる。これが人間社会の平和な美しい節度となる。

18日　欲を忘れる

欲はすてるわけに行かない。せめて我々の心の中から忘れる。このことが心を明るくもする。広くもする道である。夢中で仕事をしていたために、無我で話をきいていたために食いたいとも思わず、ひる食を忘れてしまったということもある。やがて自然に食いたくなる。欲は忘れていればいい。欲の方がこちらを忘れない。知らせてくれる。人間は自分にも欲があることをはっきり知る。そうして人の欲を見て怪《け》しからぬと責める心をとり去る。そこに人間の心の広さが生まれる。

19日 上機嫌 ①

親しくなるということは、相手にこびることではない。相手の機嫌をとることではない。大切なのは自分自らの機嫌を常によくしておくことである。明るい上機嫌の人には、いつの間にか惹《ひ》きつけられる。周囲の人の心は集まって来る。人から親しく思われる資格、それは明るい心、上機嫌であることであると思う。感じのよい自分を作っておくことが大切である。

20日 上機嫌 ②

あなたはいつも上機嫌ですか、こう突っ込まれてにっこりほほ笑むことの出来る人になる。これが他人の心に明るさを与える資格だと思う。

21日 くせがつく

一つの考え方。それを毎日、幾たびもくりかえしてやる。それが遂《つい》にその人のくせになる。よいくせも悪いくせも、くせはつきやすい。一度ついたくせはすぐ表に現われる。ほとんど無意識にやれる。わるい癖《くせ》を止めよ。こういわれても、なかなかやめられなくなる。くせが一つの固い殻《から》になっているからである。

22日 悪いくせを枯らす

自分自身をかえる。これ以外に運命の立て直しは出来ません。したがって、毎日よいことをする習慣をつみ重ねたい。悪いくせは早く枯《か》らしてしまいたい。一つ一つ、修徳《しゅうとく》の生き方をつみ上げたい。こう願っています。

23日 不眠と快眠 ①

腹が立つ。眠れない。心配でたまらぬ。眠れない。悲しい。眠れない。快い眠りが出来ないのは、自分に囚《とら》われているからである。われがぬけきれないで、自分を抱いている。それでは天地の御親に抱きかかえてもらうことが出来ない。

24日 不眠と快眠 ②

自分を放す。何もかも空ける。自分の知恵もはからいも完全に空けてしまったら、御親に抱かれる資格が出来る。すっかり眠る。何もかも忘れて眠る。だから快眠、快適、快便となって健康の基本が出来る。

25日 鏡に映った自分

他人の欠点を正すことより、他人の欠点が目につく。耳にきこえる。そのことを反省してみる。これが自分の心の姿であることに気づく。鏡に映った姿は自分の姿である。自惚《うぬぼ》れも消えてしまうほどの醜《みにく》い自分の姿である。相向かう人のすべての中に、自分の本当の姿が映っている。こう気づく人は幸せな人である。賢明な人である。他人を責める心は少しも湧《わ》いてこない。

26日 人間のたしなみ

鏡を見て自分の本当の姿をたしかめたい。それでないと安心出来ない。鏡で自分を正しく知る。掛値《かけね》なしに知る。そうして自分を正す。身のまわりや着物を整理する。これで安心、誰にあっても恥はかかない。こう見きわめてから心の底に安心がわき出る。まず自分を知ることが人間のたしなみである。幸せも願いも、一切は自らのみがき、自らの反省、自らの修業、自らの勉強以外にたよりになるものはない。

27日 老化を防ぐ道

老化する。これは自然の道である。青年時代は疲れがなおりやすい。ぐっすり一晩寝たら疲れは消える。

しかし老人になったら骨も堅くなる。一度疲れたらなおりにくい。それのみか病いまで引きおこす。人間のからだは老化する。これは自然の道である。

ただ人間の生き方、考え方、心の持ち方で老化の足どりを引きのばすことは出来ると思う。私は青年時代よりもすべての調子がよくなった。活動もはるかに出来る。身も心も軽く明るく働いている。毎日五時間くらいの眠りで生き生きした働きが出来るようになった。

たしかに老化を防ぐ道はひたすらな奉仕だと思う。たえまなき働きだと思う。毎日がただ絞りきる生き方だと信じるようになった。

28日　長寿を生む道

心は配るほど明るくなる。軽くなる。強くなる。この味のつみ重ねが、画家、文学者、彫刻家、大導師などの長寿を生む道ではあるまいか。誰でも人間として生まれている。死ぬまで人間はやめられない。毎日快く働きぬいたら疲れる。快い疲れが安眠の母となる。大の字になって、さあ眠れるぞ、有り難いと、何もかも忘れてグッスリと眠る。何もかも終わりというたのしさが一生つづけたい生き方である。

29日　許しを貰うために

誰でも百まで生きたい。働きたい。こう願う。しかし、許されねば一日も生きることは出来ない。この許しを貰《もら》うためには、やわらかな心、生き生きした心、止まらない活動の構え、水の流れるようなサラサラした心、これが常に中心になる。

30日 誠心誠意

調子がよすぎるということは、誠心誠意が足りない。なんとなく上すべりの軽薄《けいはく》を連想される。しかし、調子のよいということをやめる必要はない。調子のよさにまけないだけの責任感を強めることである。愛情と誠実を人にささげることである。結果のよいことを願わず、誠心誠意をこめて何事もやれる人になることである。

31日 好機到来

人間の手の届くところにあるものならば、人間が自由につかめる。しかし、手の届かないところにあるものは、人間の力でどうすることもできない。運は天にある。つかみたいと思う人にはつかめない。好運をあてにせず、好機を願わないほどの実力とゆとりを持つ。自己を磨き、徳を積み実力を築いてゆく。そんな人には、天はおしつけてでも好機を与える。これが本当の好機であり好運である。

11月

小説家の芹沢光治良氏と

1日 心の張り

糸がゆるむ。琴《こと》も三味線《しゃみせん》もバイオリンも快適な音は出ない。人間も心がゆるむ。そこに調子の悪さが生まれる。面白いほど調子よくなりたいと願うなら、心をいら立たせないこと。明るく豊かに心に張りをもつことである。

2日 心の雑草

人の心には雑草が生えやすい。心の雑草は茂りやすい。よいものが枯《か》らされてしまう。心に雑草がはえないために、善根がひろがるために、われわれは油断なき修業がいる。反省がいる。よい友がいる。よい研究会、座談会、講演会がいる。

3日 報恩のよろこび

自分の立つことばかり考えている人は、かえって滅びる。身の立つことを考えないで、道の立つことを考える報恩のよろこびを育て上げて行く。そこにのみ伸びる道、拓ける道がある。不思議によい運命に守られる。

4日 幸せへの道

いやな人と同居する。嫌な人と同じ職場で働いている。朝夕に顔を合わせる。こんな場合相手をかえようと思いやすい。人間は自分の都合が先になる。しかしまず自分をかえることである。徳をつむ。人格をみがく。その結果として相手の方が願わずともかわる。これが尊い幸せへの道である。

5日 亡びるものの流れ

安逸《あんいつ》と惰弱《だじゃく》と朝寝とわがままは、人間にとってちょっと気持ちのよいものかも知れない。しかし、これは栄え行くものの流れではない。伸び行くものの道ではない、歓《かん》楽《らく》のつきるところに悲哀《ひあい》がある。わがままの末に破綻《はたん》が待つ。天の恵みと幸福は失われて行く。それが亡びるものの流れである。

6日 生かされるものの道

人をよろこばせる。つとめをすましきる。隙間《すきま》なく張りつめた心でつとめて行く。その涙ぐましい努力の末に、心からなる悦びはわく。その明るい心、悦びの力こそ、伸ばされるものの流れである。生かされるものの道であり、栄えさせられるものの流れである。

7日　底力が光る

放し方、捨て方、捧げ方の鮮やかな人になる。停滞《ていたい》のない明るい心の人になる。サラサラと執着《しゅうちゃく》のない人になる。これがよい運命を築いて行く道である。そこに底力が大きく躍《おど》り出る。

上の方にあるものがなくならねば底は見えない。底の方にある力、ゆとりのある一切を捧げきって、身にしみて苦しくなることをよろこぶ。この苦しみからわき出るのが底力である。これが人と神とが一体になって光る力である。

8日　不測の禍い

石橋をたたいて渡る。用心この上なし、という人がある。すべて計算をたてて世渡りする人である。

行き当たりばったり、出たとこ勝負、何でもこいという八方開きの構えもある。すべては明るい生き方の人である。

どちらがよいのか、さっぱりわからぬことがある。なぜか。用心深い人の方がかえって危ない。不測の禍《わざわ》いに打ち砕かれる人が多いからである。人間がどんなに用心深く計算しても、一番大切なものを置き忘れていたら総くずれになる。

9日 死もまた修養

水戸の家老武田伊賀守（耕雲斎《こううんさい》）の子正勝夫人は藤田東湖《とうこ》先生の妹さんです。賢夫人の誉《ほま》れ高い人です。女の身をもって靖国神社の神と祭られた方だと聞きます。

夫人も子供三人と共に囚《とら》われて牢《ろう》に打ち込まれた。父も夫も勤皇の士として大義に殉《じゅん》じました。斬首《ざんしゅ》されました。続いて、やがて三人の子と共に斬《き》られる日が迫りました。

母は牢の中に座して三人の子に『論語』の暗誦《あんしょう》をさせた。幼い兄弟三人が母の前に大きい声で『論語』を読む。

牢の番人が明日に迫ったお前達のいのちではないか、『論語』を覚えて何にするか、と言った時、正勝夫人は「修養は人間の一ばん大切なことであります。死の瞬間まで人間は修養を忘れてはなりません。死ぬ迄《まで》ではない。否《いな》むしろ死――そのものもまた大きい大切な修養の一つです」と教えられたそうであります。

10日　天に適った親子の道

子を愛する。だから叱《しか》りもする。よく見はりもする。子供からはうるさい親だと思われる。しかし子を誤らせたくない。この一心で監視する。これは子を持つ親の責任ある態度ともなる。しかし、この場合、自分自身の心が常に大切である。大自然の道に副《そ》った明るい心であること、陽気な心、きげんのよい心、ゆとりある豊かな心を自分の第一条件として準備することである。その心からわいてくる親切でないと花さき、みのることを許されない。これが天地自然の道である。

11日　親をよろこばせる

親をよろこばせる。それは根にのびのびと思う存分のわがままをさせるようなものである。根が遠慮してちぢまったら、枝葉の繁栄がないように、親の心をちぢまらせることは、自分の子孫の生命と運命を縮まらせることになる。

根を伸び伸びさせる。思いきりわがままさせることをたのしむ。これが枝葉のめぐみを貰《もら》う第一の条件である。わがままな親になれというのではない。親の言葉。することの中に自分の次の力を育てる徳をつくれ。良い縁にせよというのである。

12日 栄える人の道

人生すべてのことを常に親に相談する。親の耳に入れておく。あらかじめ親の安心を得ておくことが栄える人の道である。

13日 ある夫婦の話

ある結婚式でこんな祝辞をきいた。夫婦が喧嘩《けんか》をした。両方が折れない。夫はカンカンに怒って役所に出た。どうも不快で心は晴れなかった。昼頃一通の電報が届けられた。役所に電報、誰から、なんだろうといぶかりながら開いた。そこにこんなことが書いてあった。「ケサハスミマセンデシタ、ハヤクオカエリオマチシマス」と。じっと見ながら涙がわいてきた。飛んで帰ってやりたくなった。それからまた新しく夫婦の心の結びが深まったという話であった。早く折れた妻の勝利であった。ゆずって前進した賢さであった。

14日 ゆとりが生むもの

　中学生同士の相撲《すもう》なら互いに勝つ工夫をする。お祖父さんと孫が相撲をとる。その場合お祖父さんは負け方の工夫をする。わざとらしくないまけ方をする。これは実力の段違いを表している。いつでも勝てるからまけてやれる。実力があるから常にゆとりがある。負けてやって相手を勇ませる。相手が伸びるためならいつでも負けてやれる。この広い心、ゆとりある人格、これがこの世に豊かさを加える生き方だと思う。

　ゆとりからユーモアも出る。臨機応変の妙味《みょうみ》もわく。自分に克つ。わがままにかつ、なまけ心に勝つ。こうして練り上げた実力が心のゆとりを生む。いつでもまけてやれる心になって徳分は輝く。太陽の光が何もいわないで万物を育てるような生き方を身につけたいと思う。

15日 裏付けの体験

若い時の苦労は買ってでもせよ、といわれている。本当に自分の子供を愛する道は、形のあるものを残してやることではない。親が生きて来た手本、心の種のまき方を充分注意すること、そしてそれを体験させた後でないと本人の不幸となる。千両箱は宝の箱である。しかし、病気あがりの弱った人に持たせたら苦しみあえぐ。持つことをあせるより、持ってたのしめるほどの裏付けの体験をつむことが大切である。

16日 何かが足りない

お客がこなくなったら、きっと自分の店に何かが足りなくなっている。よい品が足りないか、感謝が足りないか、奉仕が足りないか、そのいずれかである。それを教えてくれるのが不振ということである。

17日　一筋の道を歩む

一筋の道を歩むものには迷いがない。左か右か、二筋の道が見えて来たら迷いも生まれる。迷えば歩みに力がぬける。強さがなくなる。

一本の道を歩む。一本の道を進むものには迷いがない。確信が躍《おど》っている。前進あるのみである。

18日　無駄をはぶく

時は流れる。過ぎ去った一日は再びかえらない。その流れにのってわれわれは旅をしている。だから人生の旅はきびしい。油断はならない。立ち止ったらおくれる。時代に置き去られる。つまずけば倒れる。倒れたら落伍《らくご》する。

旅は重荷を持つほど苦しい。身軽なほどたのしい。われわれは無駄なものを持ち過ぎていないか。これを反省してみる。反省は人の世の整理である。無駄をはぶく。それがささやかな次の出発を生み出す。

19日 辛酸をなめる

失敗や逆境は少しも恥ずかしいことではない。人生五十年、そのみちすがらにはどんな冷凍《れいとう》の日もある。その冷たい運命におびえて手も足も出ず、魂までふるえ上がって、いじけることが恥ずかしいのである。

鰊《にしん》は燻製《くんせい》にされる。煙にいぶし上げられて腐《くさ》らないようになる。嫁《よめ》に行って姑《しゅうとめ》や小姑《こじゅうと》にいじめられるのは、燻製にされているのである。実家の母が引きとって甘やかしては、神が与えた燻製の教えが失われる。

唐辛子につけたり、酢につけたりする。辛酸《しんさん》にひたるのである。他日の大成を期するためには、日夜辛酸をなめることもある。臥薪嘗胆《がしんしょうたん》の苦しみが、志を固める道である。

20日　重荷にたえる

どんな重い責任も有り難く押し戴く。勇んで迎える。この心構えは大自然の御親の心に一致する。重いはずであるのに面白いほど事が運ぶ。次から次に助けがわき出して来る。

21日　万物生成の親

雨、風、嵐を加えて一年の日は続く。風雪を嫌うものには一年は苦しい。風雪もまた万物生成の親であることを悟れば人生は明るい。

22日 「使い方」の修業

この世の中そのままがわれわれにとっては道場であります。生まれて死ぬまで人間は修業しているものと思われます。それは「使い方」の修業です。身体の使い方。心の使い方。金の使い方。力の使い方。知恵の使い方。鮮やかな使い方。正しい使い方。自然に添う使い方。気持ちよい使い方。――それを毎日修業する。そのための人生は心づくりの道場であると思います。

23日 道を守ってこそ

冬の日、火鉢《ひばち》の火は大切にされる。同じ火が座布団の上に落ちる。座布団が焦《こ》げる。その火をほめる人はいない。その火は叩き消されもしよう。庭に投げ出されることもあろう。火鉢の火も、投げ出された火も、同じ火である。火そのものには差がない。ただ使い道、おきどころ、これが誤まっていただけである。道を誤まっていただけである。道を誤まったら値打ちが消える。正しく道を守ってこそ、尊さが増す。

24日 愛を受ける資格

人間には幸福があったり不幸があったりする。しかし人の幸不幸の差は神の愛の責任ではない。神の愛を充分受ける資格を自分が持っているかどうかによるのである。神のめぐみが少ないから、人間が暗い運命に泣くのではない。大切にして貰《もら》う資格、条件が足りないからである。

25日 なぜ貧乏になるか

貧乏を嫌がるより貧乏と縁のない人間になる。これが大切である。貧乏人は金がないから貧乏しているように思える。しかし貧乏とつり合う人には金は集まらない。金が逃げて行く。あせるほど逃げ足が早い。金のことを「おあし」というのも何かつながりがあるようだ。

26日 悪い芽をつみ取る

これくらいのことは誰でもやっていると軽く考えやすい。しかし、度重なれば勢いがつく。くせになる。止めて止まらぬ急坂を落ちてしまう。癖《くせ》にならぬ中《うち》なら止めやすい。双葉の時なら草も木もぬきやすい。

油断しないで悪い芽をつみ取ろう。誰のためでもない。自分の守りである。

27日 殻を破る二つの道

カラを破る道に二つある。外から加えた力だけで破ったら、その卵のいのちは絶える。その逆に卵の中にある力、内の力を育てる。生命の力を育てあげる。この内から伸び出る力、自然にわいたいのちの力、これを主体として母鳥が外からつつく。親と子の二つの力が合う。それでカラが破れる。そこにヒナ鳥がおどり出る。これは自分の力が育つことこそ基本である。

28日　人が一切の根本となる

国を守るのも人。政治を行うのも人。農事も商売も人がする。英雄も学者も凶悪犯人もまた人である。世の中を組み立てるのも人。動かすのも亦《また》人。一切の根本となるものは人である。人の善悪、賢愚《けんぐ》これが国を左右することにもなる。事業の成否をきめる鍵にもなる。

29日　修徳の家風をつくる

たとえ世の中にみとめられなくてもよい。善行、修徳《しゅうとく》の家風をつくる。一代、二代、三代とこれをつみ上げた家に、すばらしい傑物《けつぶつ》が出る。一生の間にアッと仰ぎみるような大事業をなしとげた人々の祖先には、必ず捨て石のような陰徳《いんとく》の美しさがふせ込まれていることがわかる。

30日 仕事と生きがい

時々徹夜して考える。書く。そうして書き終えた時。私は心が晴れます。飛び立つ思いです。吉川英治先生。山岡荘八先生などと共に旅して講演をしたことがあります。皆言われます。行きづまって苦しむ。やっと書けるようになる。書き終えて原稿を渡す。そのあとで一杯の茶をのむ。これが私の天国ですと言われたことが思い出されます。

身体の働き。これが心の安らぎを生みます。落ちつきと明るさとよろこびをわき立たせます。もし仕事がなかったら私の生きる力が枯《か》れたことでしょう。

12月

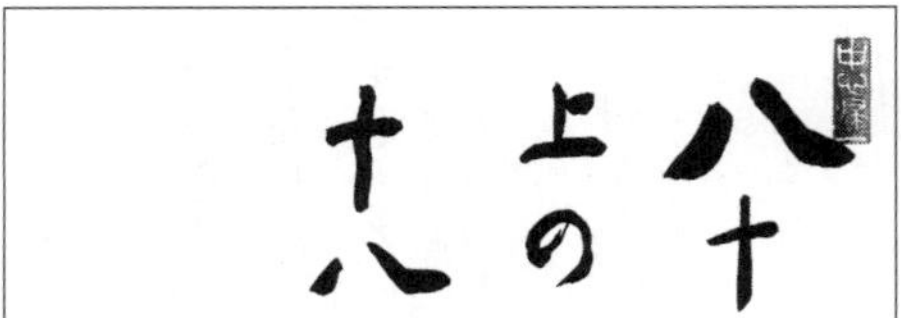

八十八
上の八つをあづけたら
十八の心がおどり出た

1日 小人なればこそ

小人《しょうじん》であってよかったなー。それだから油断なく努力がつみ上げられた。それで今、私が大人物になったわけではない。かえりみれば、やっと私は私なりの熟年になれたようである。沢山な仕事のおかげで救われたようである。

2日 積み重ねる

一枚の紙はうすい。すぐ破れる。然《しか》し十枚つみ重ねたらなかなか破れない。百枚になればば切ることもむつかしい。五十年間に書いた原稿が約七万枚になっていた。読むだけで七百時間かかるようである。ちりも積もればば山となる。このたとえに似ている。いのち許されたおかげである。

3日 心に真実を

頭の先だけで事を片付ける。これが危ない。一つ一つに心をこめる。明るいよろこびを加える。これが大切である。人間の主体はあくまで心である。人格である。心に真実をつみ上げて行くことが、自分を育てる道である。

4日 頭と心

心の使い方が頭の働きの基本となる。何事もよろこぶ。まず感謝する。お礼心があふれる。この心のわき立ちからお礼の行動がはじまる。人間の行動はあくまで心が主体である。

5日 本分を楽しむ

りっぱな人が不遇の中に立つ。しかし本人はちっとも悲しまない。淡々《たんたん》として毎日の本分をたのしむ。そんな人を見て私は恥ずかしくなる。あんなりっぱな人でも、あんな貧しさに耐えていられる。世にみとめられないでも、にっこり働いていられる。考えてみれば、私は世に出過ぎた。ねうち以上に認められ過ぎていると思えば恥ずかしくなる。

6日 本筋の生き方

どん底になげ込まれても消えない心の光をつけよ。このことが私の本筋の生き方だと考えていた。八方ふさがりの時は心をつくれ。逆境は人間鍛練《たんれん》のむちである。人間修行の天命が下ったと思っていた。

7日　美しい社会の基本

いつまでも消えない希望、それはひとりひとりの人間が自分を正しく知ることである。自分をみがくことである。鍛えることである。向上させることである。徳高く、人格清く、心豊かな人になりたい。この願いはいっさいの苦難をたのしく越えさせる力となる。苦しみも磨きの恩師と思える。自分はつねに自分とともにいる。夜中でもよい。自分ひとりで本が読める。早朝におきる。これもたのしめる。お互いに自らのみがき合いを競争する。勉学に、修養に、健康の道に、こんな希望の集団をつくる。それが美しい社会の基本となる。

8日　修養の役割

この世には沢山の苦しみがある。生きることのむずかしさ、老いることのさびしさ、病むことの辛さ、死ぬことの悲しさ、これは人間の世にある限りけっしてなくならない。どうせなくならないものなら、あってもよい人になりたいものである。苦しみはあってもよい。しかしこれを感じない人になればよい。これが修養や信仰の尊い役割である。

9日 苦しみが喜びを教える

捨身の努力と、迷い方が真剣であるだけに、悟りの光に歓喜して泣いた。思いがけない人から助けてもらって、涙でたましいに刻みつけることもあった。空腹が食の有り難さを教える。流汗《りゅうかん》の生活が一杯の水の尊さを教える。苦しみが喜びを、迷いが悟りを教える。

10日 苦難に人生を学ぶ

私は少年時代玄海灘《げんかいなだ》の大島に育った。山の中の生活からはじまった。七歳から三年、山坂をこえて一里、小学校に通った。青年時代肺を病んだ。闘病十五年、五千日、病を見つめながら自らを練った。病をなおすことをやめて、病で自分の性格をなおすことに全心全力をつくした。二回の大喀血《だいかっけつ》、九死に一生の中から心魂《しんこん》を練って来た。

今驚くべき活動力が出来たのは、常に逆境を自ら求めて来たからであると信じている。苦難を切り抜けることより、人生を学ぶことの尊さがわかった。

11日　よい運命をひらく

私たちは、天地の御親の親切に包まれて生まれた。そして生かされている。したがって、全心全力をささげる。自分を空にする。己を空しくする。仕事のために、親のために、夫のために、妻のために、人のために自分の真心もつくす。物も金もつくす。そうしてよき徳をつむ。相手を生かす。人の世を豊かにする。そのために身は倒れるまで働く。これがよい運命をひらく道である。

12日　明るい運命をつくる

働いては人のためになる。汗を流しては世のためになる。そうして積まれた金を直ちに徳に代え、人の喜びに代えてゆく。自分を常に苦難の中に鍛えてゆく。自己の心から我がままや、増長や、贅沢《ぜいたく》や、おごりが芽生えないように練り上げてゆく。そこに正しい生活、乱れない心、治まりよき家庭、明るい運命が生まれます。

13日 壁の向こうへ

人生には幾多《いくた》の壁がある。どうにもならぬ壁に打ち当たる。一歩も前に進めない抵抗がある。その抵抗によってくたばるものと、抵抗によって反省、求真の努力をつみ、新しい生活の道を拓く人とがある。

松下（幸之助）さんの場合は、少年時代からの逆境を、ありがたい抵抗にして伸びた人だと思った。吉川英治先生もそうである。小学校も卒業できない貧しさ。家計を助けるために丁稚《でっち》、子守、ペンキ塗《ぬ》りといった少年時代を送っていられる。それが『太閤記』を書き、『宮本武蔵』や、『新平家物語』を著して、天下の人心をわき立たせる大業《たいぎょう》を仕上げられた。文化勲章の栄誉に輝いていられる。

戦乱百年の天下を治めた太閤さんも、少年時代から非常な逆境の抵抗に育てられた人である。楽に世渡りをするよりも、悟るために、真理を身につけるために、大きい壁に打ち当たるだけの堂々たる前進をつづけて行きたいものと思う。

14日　塵も積もれば

一日一日、つもるほこりはわずかなものである。しかし一年も掃除しなかったら恐ろしく汚ないものになる。一日一日のわずかな罪、それがつもり重なって一家の不運をつくる。それくらいのことはということが身の破滅《はめつ》のもとになるように、逆にわずかの善行が一家のよろこびの台ともなる。一日一善、感謝、報恩の一行一行を大切にしたい。

15日　運命のわが一日

どんなに大切にしても、二十四時間すれば今日一日と別れねばならない。よい日、うれしい日は五十時間もあれかしと祈っても、一日は二十四時間で永久に人々から引き離されて行く。三百六十五日が終われば、一年と永久に別れねばならない。

どんなに大切にしても別れねばならぬはかない運命のわが一日である。一年、一生である。それならば、より鮮やかに尊いことのために生きたいものである。自分を鍛えておきたいものである。

16日 長生きの秘訣

清水寺の大西管長さんは百三歳の高齢になられた。管長さんが八十七才頃から、京都の中心社によくおいでになった。気軽い。親しみ深い。たのめばすぐお話をして下さったことを思い出す。なる程。気軽さ。大安売りの名人だなーと思ったことがある。

ある時「長生きの秘訣《ひけつ》はどこにありますか」と聞いた。「わけはありませんよ。今年一年だけは絶対に死なないことですよ。今年一年だけ死なねば百歳になりますよ」と気軽に言われた。「その今年一年が危ないのですよ。どんなことを考え、心がけて生きていったら良いのですか」ときいたら、立ち処《どころ》にこう言われた。「好きな人に会うことです。そうして好きなことを聞くのです。好きなことを見るのです」と言われる。「誰でも好きな人と会うことが好きですが、仲々《なかなか》好きな人が少ない。嫌いな人もある世の中です。そう好きな人ばかりに会うわけにはいかないでしょう」「だから誰でも好きになるのですよ。どんないやな人でも好きになるのですよ。そうすれば好きな人ばかりの国になります。たのしみづくめになります。長生きは間違いありません」とすまして言われる。じっと味わってみれば味が深い。

17日 親に報いる道

親のめぐみに報いる道は、子供がすくすくと伸びることである。たくましく育つことである。身も心もすこやかに、明るく、生き生きと育つことである。心を明るく陽気にする道は、天地の真理にうなずくことである。何でも理がわかるようになることである。

18日 子孫のために

世の多くの人々は、やがて父となり母となる人である。自分のみえらい人と仰がれることに焦《あせ》ってはならない。子孫のために美しい運命の食物を残して行かねばならない。その食物とは、金や財産や権力ではない。目に見えぬ、内から湧《わ》く力である。それはつみ上げた徳の力である。天の助けをもらえるよい種の力である。

19日 運命の足場

足場がいる。ふみ台がいる。それが丈夫なら、どんな高いところにでも上がれる。高い仕事ができる。人間の場合でもこれと同じことがいえる。人間の一生には徳やよい運命の足場がいる。丈夫な高い運命のふみ台を持った人は、万人の仰ぎみるほど尊い。偉大な仕事をしている。その一生のふみ台は、徳高き運命が足場である。運命の足場となるものは徳分である。祖先の余徳《よとく》、本人の勤勉、努力によって蓄えられたものを慈悲、善根の種として積み上げる。これが運命の丈夫な足場になる。

20日 土台は尊い

港には防波堤《ぼうはてい》がある。海の中につき出ている。水面に出ているのは四、五尺である。しかし水面にかくれて幾十尺の深さに石積みがされている。土台は尊い。

人間の一生は短い。そのはかない一生に不思議といわれるほど運命のよい人がある。遠く人から仰ぎみられるほど高い姿の人の世にそびえ立たせている人がある。それは皆かくれた祖先の土台と余徳があるからである。

21日 生と死

生きていることのありがたさは、死ぬことが与えてくれる。人間は一度は死なねばならない。いつ死ぬかもしれない。こう思うとき、生きていることのありがたさをしみじみ感じる。もし人間が何百歳にもなってまだ死ななかったら、生きていることのありがたさは感じられなくなるだろう。だから、死という問題をよく見つめて、それに対する心構えをすること、これが生きている一日一日をたいせつにする心を生み出すものと思う。

22日 求道求真

生命の終わる瞬間まで、私は求道求真の奉仕と勉強をつづけて行きたい。私の信念などを固守したり、持ったりすることよりも、日々に新たに、心の目を見開き、感謝と感恩にもえる心の人になりたい。

23日　信仰の本質

神仏を拝むことが信仰と思っている人がある。しかし拝むことよりも、拝まずにはいられない心、これを育て上げることの方が大切である。天地のめぐみを味わえる人になること、御恩を強く感じること、それが合掌《がっしょう》となり、拝まずにはいられない心がわく。これが信仰の本質である。

24日　正道を歩む

りっぱな自動車があっても、道がなければ走れない。走れなかったら、自動車をつくった意味がない。人間がどんなに修養しても、天地の定めた道を知らねば尊さは光らない。

25日 心に錦を着る

本当の幸せは、「心に錦《にしき》を着る」ことだと思います。外の錦はつい破れやすい。失敗や不幸や病難がいつ迫って来るかわかりません。だから、親里に帰る第一の資格は、「心に錦を着る」ことだと思います。どんな逆境におちても、にっこり笑って働ける心。貧しさにもまけないで光る心。働きたい、つくしたい、さし上げたい、この心が常にあらわれている人は、心の錦をきた人だと思います。

26日 足るを知る

大名の地位をすて。出家して全国修業の旅に立たれた西行《さいぎょう》法師が歌っていられます。体は疲れ果てる。ぼろ着をきる。その時、心が冴《さ》える。

破れたる衣はきても足ることを
知ればつづれの錦なりけり

と。

27日 だるまのように

どこに投げ出されても、だるまは転がって行く。そうして踏み止ったところで、すっくり立ち上がる。それはその重心が重く充実して、低いところにあるからである。

人もそうである。どんなところに投げ出されてもよい。行きづまる。止まったところで直ぐ立ち上がれる人にならねばならない。そのためには、心に徳を積み上げて行かねばならない。力満ちた、低い豊かな魂の人にならねばならない。

28日 不敗の運命を固める

内の敵、これは人の心のなやみである。良心のいたみである。毎日つとめきる。働きぬく。そうして悔《く》いなき一日をつみ上げよう。不敗の運命を固めよう。

29日　安らかな人生

花のように自らの道をたのしみたいと思います。咲く時に咲き、散る時に散る。天命をたのしむ。これが心安らかな人生でありましょう。

30日　人生は舞台

人生は舞台である。神は師匠である。どたんばも、苦しみも、究極も、禅の痛棒《つうぼう》ににている。たたかれて、つき倒されて、打ちのめされて、やっと一人前にしていただけるのだと思ってきた。だから毎日毎日が真剣勝負である。毎月が、毎年が、油断も隙《すき》もならないまったくの真剣勝負の連続であった。その道中には幾多《いくた》の迷路があった。迷路に苦しみがあった。それで少しはわかるようにしてもらったような気がする。

31日 一歩は万歩の源

一歩一歩、一足一足をふみしめる。それは一つの仕切りである。次の前進への構えである。一足、一歩、これこそ万歩の源である。今の一時、今日一日、この一年、これは生涯の基本である。念を入れて大切にしよう。今を大切にする心をつみ重ねて、一生を尊いものにする。

《参考文献》
『生き方　考え方』（中心社）
『鏡』（中心社）
『中心百巻　第一集』（中心社）
『中心百巻　第二集』（中心社）
『中心百巻　第三集』（中心社）
『中心百巻　第四集』（中心社）
『中心百巻　第五集』（中心社）
『中心百巻　第六集』（中心社）
『中心百巻　第七集』（中心社）
『中心百巻　第八集』（中心社）
『中心百巻　第十集』（中心社）
『常岡一郎選集　4』（中心社）
『常岡一郎選集　7』（中心社）
『常岡一郎選集　10』（中心社）
『反省』（中心社）

常岡一郎先生小伝

常岡一郎先生は明治三十二（一八九九）年一月十二日に福岡県で生まれました。頭脳明晰《めいせき》で正義感の強かった常岡少年は、やがて東京の私立中学を経て慶應義塾《けいおう》大学理財科に進みます。大学予科（現在の教養課程）一年の時に島崎藤村《しまざきとうそん》らを招いて開いた講演会では、前座を務めたという逸話も残っています。議論をすれば相手をたやすく論破してしまうところからカミソリとあだ名され、周囲の羨望《せんぼう》の的でした。

そんな先生に転機が訪れます。大学卒業目前に肺結核に倒れてしまうのです。幸いにも一命は取り留めましたが、先生のそばに近寄る者はいなくなり、孤独の日々を過ごすことになりました。

ある日、ある方が訪れ、先生の枕元でこう言いました。

「比叡山でも高野山でも、もとは誰も住まない田舎だった。そこに徳の高い人が住み、田舎が都会になっていった。あなたは東京という大都会に住んでいながら、周りに誰も寄ってこない田舎だ。そんな人間でどうする。徳を積んで病気と縁を切りなさい」

この一言に奮起《ふんき》した先生は、大学を中退し修養生活に身を置くことを決心します。そして柳行李《やなぎごうり》にトイレの掃除道具を入れ、各地を回って奉仕作業をはじめるのです。来る日も来る日も厳しい下坐行《げざぎょう》に徹しました。お金も心も体もすべて出し切る、その実践を十五年間にわたって続け、ついに結核を完治したのでした。

病を克服された先生は、昭和十（一九三五）年に修養団体・中心社を立ち上げ、月刊誌『中心』を発行します。右も左もなく全体が一つに調和する中心こそ、先生が生涯にわたって探究されたものでした。

以来、先生は人生相談や講演、研修、執筆活動と過密なスケジュールをこなしながら全国を東奔西走《とうほんせいそう》しました。その一方で、戦災で親を失った子供たちを預かる養護施設・中心学園や、身寄りのないお年寄りのための老人施設・中心荘を運営し、社会奉仕に尽力しました。

また、昭和二十五（一九五〇）年には請われて参議院議員となり、二期十二年間、国政にも従事しました。

昭和六十三（一九八八）年暮れ、風邪をこじらせた先生は二日間寝込んだ後、年の明けた一月二日に九十歳で亡くなりました。すべてを人のために使い切り、人としての道を説き続けた生涯でした。

編集後記

常岡一郎先生の言葉を「一日一言」としてここに出版できることを何よりうれしく思います。

常岡先生の名を初めて知ったのは、岐阜にある長谷《はせ》虎紡績《とらぼうせき》の長谷虎治《とらじ》会長を通じてでした。長谷会長のお話にそのお名前がよく出てきたのです。その後、常岡先生の語録をまとめた小冊子に触れる機会があり、その深い言葉の響きに魅せられました。この人の語録はいまの世にこそもっと多くの人々に知られなければならない、と強く思うようになりました。

通常、人は三つの方法によって学ぶ、といわれます。人から学ぶ、本から学ぶ、体験から学ぶ——の三つです。

しかし時折《ときおり》、この三つを超えて天から直接学ぶ人がいます。

常岡先生もそのお一人です。青年時代に肺結核を病んで慶應《けいおう》大学を中退。闘病十五年、二度の大喀血《だいかっけつ》を乗り越えて五千日を病と向かい合い、ひたすら自らの心《しん》魂《こん》を練った日々が、先生を天の心に近づけたのだろうと思われます。

その言葉に触れ、自らの迷妄《めいもう》を払い、希望に満ちた人生を歩み出す人の一人でも多からんことを願って、本書を送り出します。

なお、本書を送り出すにあたってはご次男の常岡通様に写真のお手配などご尽力いただきました。また、中心社の稲垣多恵子様、小畠陽一様にも大変お世話になりました。この場を借りて御礼申し上げます。

最後に、本文には掲載できませんでしたが、心に留めておきたい先生の言葉を一つ記して、擱筆《かくひつ》します。

「機嫌のよい心には弾力がある。機嫌のよい時には、おい、隣村まで行ってくれないかといわれても、よしとすぐ引き受け、すぐ走り出せる。機嫌の悪い時は、なにもかもおっくうになり、重苦しく感じる。
すべての人間はいつでも、どこでも自分の心の責任者である。心に明るさをたたえた機嫌のよさを失ってはならない。これを失えば人生の旅はすぐ疲れる。それが不幸や不運や病いの原因となる」

平成二十五年六月

編集発行人　藤尾秀昭

装幀　川上成夫／編集協力　柏木孝之

〈著者略歴〉

常岡一郎（つねおか・いちろう）

明治32年福岡県生まれ。慶應義塾大学理財課在学中、結核に倒れ、学を捨て闘病と求道の生活に入る。昭和10年修養団体・中心社を創設。月刊誌『中心』を主宰。養護施設・中心学園、養護老人ホーム・中心荘を経営して社会福祉に貢献。25年参議院議員となり12年間国政に参画。44年勲二等瑞宝章受章。64年死去。『天の手紙』『たましいと心』など著書多数。

常岡一郎　一日一言

——運命をひらく言葉——

平成二十五年六月十日第一刷発行

令和四年七月二十五日第二刷発行

著者　常岡　一郎

発行者　藤尾　秀昭

発行所　致知出版社

〒150-0001東京都渋谷区神宮前四の二十四の九

TEL（〇三）三七九六—二一一一

印刷　㈱ディグ　製本　難波製本

落丁・乱丁はお取替え致します。　（検印廃止）

ISBN978-4-88474-999-6 C0095

ホームページ　http://www.chichi.co.jp

Eメール　books@chichi.co.jp